AF619718

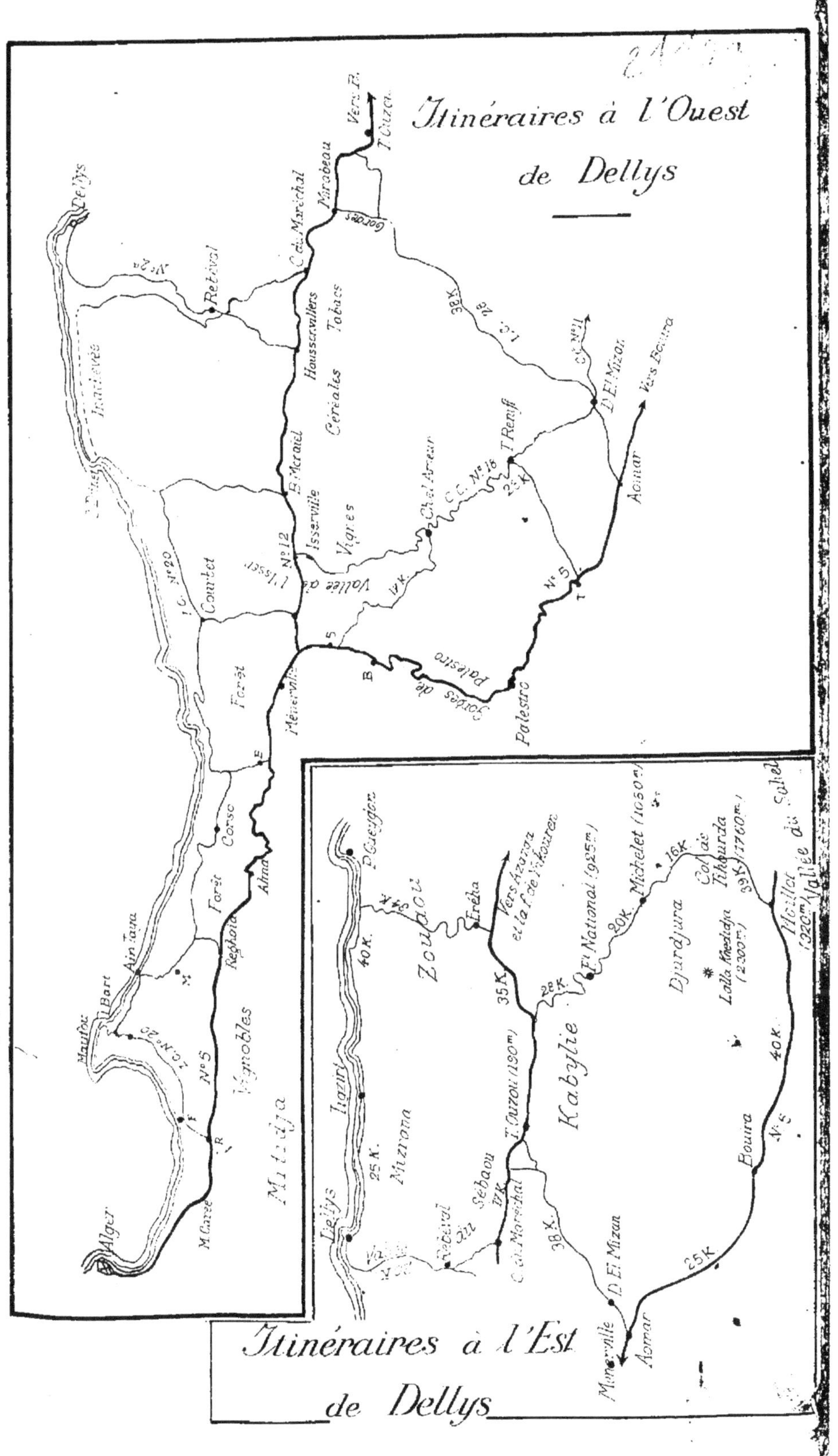
Itinéraires à l'Ouest de Dellys
Itinéraires à l'Est de Dellys
Dellys
Rebeval
Mirabeau
Haussonvillers
Tabacs
Céréales
Isserville
Vignes
Vallée de l'Isser
Chel Areur
T. Reniff
D. El Mizan
Vers Bouïra
Aomar
Palestro
Gorges de Palestro
Ménerville
Forêt
Courbet
Corso
Alma
Reghaia
Aïn Taya
Vignobles
Mitidja
Alger
M. Carré
Port Gueydon
Fréha
Vers Azazga et la F. de Yakouren
Zouaou
Ft. National (925m)
Michelet (1050m)
Col de Tikourda (1760m)
Djurdjura
Lalla Khedidja (2300m)
Maillot (320m)
Vallée du Sahel
Kabylie
T. Ouzou (190m)
Iazirt
Mizrana
Sébaou
Bouïra
Ménerville
Aomar

DELLYS

Petite Monographie Locale

par

M. A. VISBECQ

Directeur de l'Ecole Coloniale d'Apprentissage

Photographie JOUVE, Alger.

DELLYS

Vue Générale

DELLYS

On n'habite pas vingt ans un pays sans s'y attacher, sans que les événements qui le concernent n'impressionnent. L'impression est ici pénible : Dellys périclite.

Sommes-nous en cause, nous Français, ou simplement sommes-nous les héritiers d'une situation irrémédiable ? Qu'est au juste le passé que certains veulent prestigieux : s'il est fait de splendeurs, pourquoi n'enregistrons-nous que des ruines ?

En nous renseignant sur les temps révolus nous le saurons peut-être.

L'histoire de Dellys est liée à celle de la Kabylie ; conter l'une sans parler de l'autre est impossible ; la psychologie régionale tient à des circonstances de faits et de lieux souvent fort éloignées de l'horizon habituel. On nous pardonnera donc quelques développements.

De Rusuccuru à Dellys, il y a régression continue. Le latin, revenu après quinze siècles d'absence, fera-t-il revivre ce que quinze siècles se sont acharnés à faire disparaître ? Nous le souhaitons de tout cœur parce que..... on n'habite pas vingt ans un pays sans s'y attacher.

»o«

Le voyageur qui, par une chaude journée d'été descend la vallée du Sébaou jusqu'aux abords de Touabet, frissonne soudain sous la caresse de la brise marine : la grande bleue, peuplée de moutons blancs parait dans un pli de terrain.

Abrité par une double rangée de frênes, il gravit maintenant d'un pas plus alerte le côteau qui domine l'embouchure de la rivière et, parvenu au sommet, embrasse d'un regard circulaire un panorama remarquable.

C'est à l'ouest, là-bas dans l'horizon clair, le cap Caxine, pointe avancée d'Alger; plus près, Djinet et les plages de l'Oued el Arba, témoins des tragédies de 1829 ; plus près encore, la masse du Bouberak. Se dirigeant vers le Sud que barre au loin l'imposant Djurdjura, la rivière développe paresseusement son mince ruban d'argent largement bordé de poussières d'or. A l'Est, s'accusent les premiers contreforts kabyles ; vers la mer une échancrure dans la falaise abrupte laisse pressentir un changement de décor. Aux pieds du voyageur enfin, une immense plage déserte nait brusquement au bas de la roche grisâtre et finit en lagune. Là encore rien n'est banal, ni le minable Marabout qu'effritent les embruns et survole le corbeau ténébreux, ni la grotte marine où quelque monstre se fourvoie.

Le hameau de Takdempt sous les eucalyptus cache la mélancolie d'une existence qui est un rénoncement.

La route s'est faite plus large, plus accueillante, ondulante et prometteuse. Et brusquement, au col de Takdempt, elle vous offre un tapis de verdure et de fleurs qui, des flancs de Sidi Meskour où bouillonnent d'incessants brouillards, descend à la mer y baigner ses dernières franges.

Pour le fouler, la Nature y a ménagé d'infinis chemins mais elle les a dissimulés sous des rameaux d'oliviers et de mimosas. Elle a permis aux hommes d'édifier là des habitations, mais c'est à peine si elle a toléré la percée des toitures. Seul le phare Bengut émerge du lac de verdure ; l'exception est ici un tribut accordé à la noblesse du rôle.

Le rideau du décor, relevé devant les jardins est tombé pour cacher Dellys. La petite ville, bâtie face au Nord-Est sur le versant du contrefort, n'est, en effet, signalée au touriste que par une longue muraille née dans la mer et qui escalade les hauteurs.

Et les changements de tableaux se continuent, précis, presque sans transitions. La route aborde le quartier européen de l'Ecole professionnelle, décrit une courbe de grand rayon pour s'infléchir au Sud et traverser le quartier arabe. Ici l'enchevêtrement des masures aveugles et, sur la gauche, des échappées sur la mer par des ruelles étroites et rapides rappellent quelque peu certain quartier d'Alger.

Le bourg européen fait peut-être regretter sa campagne. Pourtant d'agréables plantations d'arbres donnent un cachet original au centre.

Le pittoresque revit lorsqu'après avoir franchi le mur d'enceinte, la route en lacets s'engage dans le ravin de l'Oued Tiza pour descendre à la mer. Il y a là, certainement de jolis motifs à fixer sur la toile. Sous les frênes luxuriants et par une pente douce l'on s'achemine vers « la Marine ». La route meurt au bord du flot. Une autre nait là, tentante ; elle conduit en subissant les caprices d'un rivage tourmenté, plus avant, dans la Kabylie mystérieuse......

L'on regagne la haute ville par un raccourci fait de pittoresques lacets en rampe atténuée, ou par des escaliers.

Il n'existe à Dellys aucune construction particulièrement remarquable. Notons simplement : en arrivant d'Alger, à gauche, l'Ecole d'apprentissage, groupe important de bâtiments divers; au bas de la rue arabe, à gauche, l'Hôpital dont la façade est sur la mer, à droite, la Mosquée. Plus loin, sous de jolis ficus, la place Carnot, d'où l'on découvre la baie, l'Ecole des filles. le Marché. Le Cercle militaire est au centre de l'agglomération ; en face, en surélévation, la place de l'Eglise, avec le monument aux Morts de la Guerre, la Mairie, maison quelconque, l'Eglise, le quartier des casernes, la gendarmerie, les P.T.T., la Justice de Paix. Sur les bords de la mer se dressent la Manutention, les bâtiments du port, de la Douane, la Gare, l'abattoir quasi en ruines.

Le site est agréable à l'œil, et l'on comprend que de tous temps il ait retenu l'attention : toutes les civilisations l'ont connu. Malheureusement chacune d'elles a utilisé ou adapté ou ruiné ce que la précédente avait laissé, de sorte que si l'on rencontre encore de nombreux vestiges du passé il est difficile de se faire une opinion exacte de ce que fut en réalité ce passé. Des centres, tel Tigzirt, jadis infiniment moins importants que Dellys ont pu conserver l'image assez nette des temps révolus grâce aux solutions de continuité dans leur occupation.

La région de Dellys disions-nous, a de tous temps retenu l'attention. En fait, un peuple lui est resté fidèle : il a subi de multiples occupations ; il fut tour à tour adversaire et partisan des conquérants, les a vus disparaître et se retrouve aujourd'hui sous notre domination avec à peu de chose près le même caractère : c'est le Berbère.

Il a droit à une mention spéciale.

D'où viennent ces berbères ? Les uns admettent qu'ils ont leur origine en Syrie, sur la terre de Chanaan ; l'historien arabe Ibn Khaldoum est de cet avis. D'autres veulent qu'ils descendent des Mèdes, Perses et Arméniens, venus à la suite de l'Hercule tyrien. D'autres encore les veulent autochtones. La discussion est difficile. Toutefois, les traditions historiques semblent garder le souvenir d'une invasion du côté de l'Orient; Les Berbères seraient donc d'anciens Sémites. D'autre part, la présence parmi eux, d'hommes blonds et roux à peau blanche avec des yeux bleus semble indiquer que ces sémites se sont mélangés avec des Indo-Germains venus du Nord par la Gaule et le détroit de Gibraltar.

D'après Mercier (Histoire de l'Afrique septentrionale) les berbères sont de race Sanhaga et forment deux tribus : les Zouaoua dans le massif de la grande Kabylie et les Sanhadja à l'ouest jusqu'au Chéliff.

Nous reverrons plus loin ce peuple aux prises avec les envahisseurs et caractériserons sa mentalité. Notons simplement pour le moment que le kabyle n'habite pas Dellys où il n'apparait que les jours d'audience ou de marché. La masse kabyle dans ses villages inaccessibles reste sur la réserve, regarde, surveille. Elle a si souvent changé de maitres ! On ne saurait lui faire grief d'un peu de septicisme et de méfiance.

Dellys a toujours été pour le conquérant un point de surveillance, mais les Kabyles ont pu se maintenir à courte distance grâce au relief du sol qui rend difficile l'établissement de communications stables avec l'intérieur. Aujourd'hui encore on ne relève aucune voie directe d'accès en Kabylie. Le chemin dit des Crêtes est d'un profil pénible aux abords de la Place ; au bout de cinq kilomètres c'est une simple piste se dirigeant sur Tizi-Ouzou par Taourga.

Nos moyens modernes de domination peuvent à la rigueur ne pas souffrir d'une topographie spéciale ; mais pour le développement économique il n'en est malheureusement pas de même.

Il est vrai que ces hauteurs que l'on regrette de voir si près, cet imposant Djurdjura que l'on devine immédiatement derrière, arrêtent ou transforment les vents désagréables du Sud et retiennent sur la région l'humide et fraiche brise marine. Cela suffit pour assurer à Dellys un sérieux privilège.

CHAPITRE I

§ 1er. — PERIODE PREHISTORIQUE

On présume que ce point de la côte fut occupé depuis les temps les plus reculés par d'importantes collectivités. Un extrait du Bulletin archéologique de 1900 décrit des trouvailles d'objets préhistoriques dans la région par MM. H. Lacour et L. Turcat : C'est un atelier de pierres taillées situé à Takdempt, à sept kilomètres à l'Ouest de Dellys; puis dans la même région, des pointes de javelots, de lances, etc... En 1893, sur la propriété Adam, à treize kilomètres à l'Est, on trouve quantité d'objets, pointes de flèches, javelots, de lances, des racloirs, des percuteurs, etc.., en silex noir.

Les auteurs de la communication affirment leur certitude de l'existence de vestiges préhistoriques plus importants encore. Sur la pointe qui abrite la baie de Dellys de grands rochers portent des séries de petites cavités dont la disposition particulière laisse supposer qu'on se trouve en présence de signaux mystérieux traduits de façon bien rudimentaire (1). Enfin, en 1912, M. C. Viré découvrait, sur le sommet d'un mamelon dominant Takdmput une série de dolmens disposés en étages circulaires.

§ 2. — PERIODE PHENICIENNE

(12e - 3e Siècle av. J.-C.)

Les Phéniciens sont signalés sur le littoral africain dès le 12e siècle avant notre ère. Les Berbères semblent avoir accueilli et même retenu ces étrangers, les Tyriens entre autres, qui d'ailleurs se soumettaient aux statuts locaux. (Histoire de l'Afrique septentrionale par E. Mercier).

Les comptoirs phéniciens se firent de plus en plus nombreux (2). L'un d'eux, Carthage, au commencement du Xe siècle, est une des principales colonies de Tyr et Sidon. Carthage s'étendit progressivement, cessa de payer tribut aux indigènes, conquit son indépendance vis-à-vis de la mère-patrie et devint le centre d'un véritable empire. Ses navigateurs fondaient entre temps sur la côte ouest de nouvelles colonies.

---

(1) Les « cupules » ont donné lieu à des communications intéressantes, notamment dans le bulletin de la Société préhistorique de France.

(2) A l'époque phénicienne et romaine existaient près de cent villes ou agglomérations importantes sur le littoral compris entre les Syrtes et l'Oued-Draâ.

On peut donc, sans se tromper, placer la fondation de Dellys vers la même époque que celle de Saldæ (Bougie) et de Kartenna (Ténès). C'est Rousoukkour (Cap des Poissons), nom qu'expliquent assez les eaux poissonneuses du cap est (Itinéraire de l'Algérie, Piesse).

Cette partie de la côte fut certainement visitée et utilisée bien des fois par les commerçants entreprenants de l'époque. Ils y trouvaient déjà les produits bases de nos transactions actuelles les olives et les huiles. Dellys eut peut-être aussi le spectacle peu banal pour l'époque du défilé d ela flotte du Périple de Hannon !

L'empreinte phénicienne se révèle encore de nos jours.

Sur le versant ouest de la pointe qui abrite la baie de Dellys se distingue un monument important sorte d'immense chaire à laquelle on accédait du rivage à une quarantaine de mètres en contrebas par un escalier dont certaines marches sont encore visibles. Les travaux du chemin de fer ont dû faire disparaître là des vestiges intéressants. En 1912, M. Viré y trouvait une stèle fort bien conservée.

Sur le champ de manœuvres actuel existent des tombes puniques à même le roc (1). Dans la propriété C..., à proximité, des travaux de fondation, en 1913, ont permis de découvrir sous trois mètres de terre un tombeau rectangulaire de dimensions imposantes, quatre mètres de longueur sur deux mètres soixante de largeur. Le cordon supérieur était remarquablement taillé. Le vide réservé au corps avait deux mètres sur un mètre; on y trouva des ossements. Le monument constituait, dans son ensemble un joli travail de pierres de tailles bleues et dures que l'on débita par la suite.

Dans une propriété indigène limitrophe a été également trouvé un tombeau de dimentions plus réduites.

M. C. a envoyé au Musée d'Alger, en 1914, une stèle carthaginoise trouvée près du tombeau dont il est parlé plus haut.

Enfin sur le stand, toujours dans le même endroit, en 1920, on a mis à jour un sarcophage malheureusement mutilé par les terrassiers maladroits.

Nous ignorons en fait l'action des Phéniciens sur la civilisation berbère. Mais cette action est certaine, les ruines en témoignent, comme en témoignent aussi les relations commerciales intenses de l'époque.

(1) Ces tombes viennent de disparaître pour l'aménagement d'un stand.

§ 3. — PERIODE ROMAINE

(146 av. J.-C. — 415 ap. J.-C.)

La rivalité de puissances égales et voisines, Rome et Carthage, l'ambition des Romains provoquent les guerres puniques.

On sait que le traité de Rome, fin de la 2e guerre (201 av. J.-C.) fut un coup fatal à la puissance phénicienne. Le roi de Numidie, Massinissa à Cirta est devenu vassal de Rome. En 146 Carthage succombe. Le royaume de Numidie, plusieurs fois partagé entre les descendants de Massinissa, au commencement de notre ère forme trois groupes de territoires: les deux Maurétanies (Maroc et Algérie jusqu'à Sétif), la Numédie proprement dite (fraction du département de Constantine) et la province romaine d'Afrique (Tunisie). Les deux premiers groupes restent vassaux de Rome jusqu'en 33, époque où Octave fait du tout un domaine romain, à la tête duquel nous trouvons Juba II qui règne avec éclat à Yol Césarée. Il meurt en 22 ap. J.-C. et son fils et héritier Ptolémée en 40. La Maurétanie devient alors province romaine avec Claude (41).

(L'ère provinciale romaine compte à partir de l'an 40).

La fondation romaine de Rusuccuru se place à cette époque. Vers l'an 42 on trouve Rusuccuru incorporé à la Maurétanie césarienne.

Dellys paraît être l'ancienne Rusuccuru romaine. Je dis paraît être, parce que l'identification des villes romaines de la côte a donné lieu à de nombreuses controverses dont l'exposé serait sans intérêt ici. Rappelons simplement que certains érudits et parmi eux Gsell, Gavault, Kiepert, Mommsen, Cagnat, affirment que Rusuccuru est Tigzirt-Taksebt, localité à 25 kilomètres à l'Est de Dellys (1). D'autres tels que Cat, Mercier, Vigneral, Berbrugger, soutiennent que c'est à Dellys qu'il faut placer Rusuccuru, Tigzirt étant Iommium. Nous penchons dans ce sens et voici brièvement pourquoi.

Bougie et Dellys limitent exactement la Kabylie du Djurdjura. Or, d'après les auteurs anciens, deux villes Saldæ et Rusuccuru, marquent les points extrêmes de cette même région.

Ces deux villes étaient réunies par deux routes: l'une suivant

(1) Une description des ruines de Rusuccuru-Tigzirt a parue en 1902 sous la signature de l'abbé Vallade, curé de Tigzirt. (Imprimerie A. Jourdan, Alger).

le littoral et se prolongeant à l'Ouest et à l'Est; c'est la route actuelle; l'autre pénétrant à l'intérieur pour contourner ensuite le massif montagneux; c'est probablement le chemin actuel par Taourga (Tigissi) Djemâa Saharidj (Bida) et Saldæ.

Les distances marquées sur l'Itinéraire d'Antonin (1) semblent parfaitement concorder.

Ce même Itinéraire porte une troisième route venant de l'Ouest et aboutissant à Rusuccuru. Cette route apparemment s'est rapprochée de la côte en suivant une vallée, la vallée du Sébaou. Elle n'a pas escaladé le massif montagneux pour aboutir à Tigzirt.

Bougie et Dellys sont logiquement au débouché de deux vallées; Tigzirt est cernée par des hauteurs et sans communications faciles avec l'intérieur.

Les distances de Rusuccuru aux autres cités de la côte, relevées sur l'Itinéraire d'Antonin, concordent avec la réalité moderne.

Enfin, en 1912, M. Viré signalait une borne à l'Ouest de Dellys sur le parcours présumé de la voie romaine du littoral, C'est une borne millaire du 3e siècle. L'inscription porte les noms de Septime Sévère et de Marc-Aurèle-Antonin (198) (211) et se termine par RUSVCVRITANI III. Or l'endroit est à 4 kilomètres du centre de Dellys actuel, à proximité de la route française (3 milles donnent 4 kilomètres 444). La borne situerait donc exactement l'emplacement de la ville romaine.

Les Romains ont certainement fait de ce point de la côte une ville importante, si l'on en juge par les murs d'enceinte. Les Arabes plus tard, ont trouvé là une cité toute faite et y sont entrés en contact avec les Berbères. Dellys a continué Rusuccuru, Tigzirt au contraire ne s'est jamais relevé de ses ruines. (2)

(1) Nous possédons de ce temps deux documents : l'Itinéraire d'Antonin et la carte dite de Peutinger.

Les auteurs de la thèse Rusuccuru-Dellys fondent surtout leur manière de voir sur une inscription dédicatrice trouvée à Tigzirt et commençant ainsi: Génio municipi Rusuccuritani...; traduction: Au génie du municipe Rusuccuritain... Il semble que si Tigzirt avait été Rusuccuru, on n'aurait pas éprouvé le besoin de préciser que le défunt était Rusuccuritain. (Lettre de M. Berbrugger à M. Mac-Carthy; Revue Africaine, T. I, p. 497).

(2) Signalons encore que dans les conférences de M. Albertini, professeur à la Faculté (L'Afrique romaine, Cours d'instruction préparatoire au Service des Affaires Indigènes, 1922), il est question de Dellys ville romaine et non de Tigzirt.

L'enceinte romaine était moins développée que la nôtre du côté de la ville. Elle passait sur l'emplacement du marché actuel où existait une porte debout encore vers 1840, le Bab el Djata et descendait à peu près suivant les escaliers de la Marine. Elle contournait au-dessus de la gare, le coteau sur lequel se dresse l'Hôpital. Une tour d'angle est encore visible à cet endroit. On retrouve des fragments de murailles vers l'Abattoir et le Cimetière musulman ; ces fragments semblent se relier à ceux encore bien conservés situés au-dessous de l'école professionnelle, sur le versant Ouest de la falaise.

Par contre, du côté des Jardins l'enceinte romaine paraît s'être étendue assez loin. On en retrouve des vestiges au-dessus de la porte actuelle; d'autres plus haut vers la porte dite d'El-Assouaf.

On lit dans Ch. de Vigneral (Ruines romaines de l'Algérie) : « Léon l'Africain cite Teddelès comme entouré encore de très anciennes et très hautes murailles et pourvu d'eaux très abondantes. Voici, deux siècles plus tard, la description de Schaux: « Dellys est bâtie des ruines d'une grande ville qui paraît avoir été aussi grande que Temendfuse (Rusgunia, cap Matifou). Elle s'étend sur le côté Nord-Est de la montagne au sommet de laquelle se voit à l'Ouest partie de l'ancien mur et quelques autres ruines qui semblent annoncer beaucoup d'antiquités ; dans la muraille, au-dessus du port, est une niche avec une statue dans l'attitude d'une Notre-Dame; mais les traits et la draperie en sont gâtés. »

La tête (1) et un fragment de draperie furent retrouvés plus tard au cours de travaux divers.

Le même auteur signale au Sud-Est les vestiges d'une épaisse muraille qui s'avançait peut-être dans la mer pour former un cothon. Il ne trouve plus ces belles eaux dont parle Léon, car les habitants, dit-il, se plaignent d'en manquer.

Cette observation a amené, avec raison, je crois, M. Fournel à fixer entre ces deux voyages (vers le XVIIe siècle par conséquent) la destruction de l'ancienne conduite d'eau romaine dont on retrouve les traces jusqu'à la prise au Djebel Boumédas (El-Assouaf).

---

(1) La tête, assez bien conservée, existe encore chez un de nos concitoyens. Il paraît toutefois assez difficile de l'identifier: Junon, Cérès..., les avis sont partagés.

Au-dessous de l'Hôpital existait une basilique chrétienne du IIIe siècle; quelques murs à fleur de terre apparaissent encore. Plusieurs colonnes sont actuellement dans les jardins du Génie.

Aujourd'hui les antiquités se réduisent à quelques fragments des anciens remparts, d'anciennes citernes à Sidi-Souzan, des débris de mosaïques; les travaux de fondation de l'Hôpital et divers autres ont fait découvrir des médailles et quelques amphores. On cite notamment les trouvailles de M. Siran, officier du train des équipages: plusieurs monnaies dont l'une est un petit bronze de Constantin le Grand; une autre est à l'effigie de Maximien; une autre de Constance II. En décembre 1860 on trouvait une jarre contenant des œufs.

Le 31 décembre 1857, à quelques mètres des remparts au-dessus de la porte actuelle des Jardins, des travaux militaires mettaient à jour un très beau sarcophage transporté au Musée d'Alger au mois de février suivant. La description en est faite par l'éminent Berbrugger dans la Revue Africaine T. II p. 309. « ...Le sarcophage est en marbre blanc avec couvercle adapté par scellements en fer fixés au plomb; il mesure 2m15 de longuer, 0m60 de largeur et 0m60 de profondeur. A l'intérieur se trouvait un cercueil en plomb contenant un squelette. Ce tombeau était sculpté sur sa face antérieure. Le bas relief est divisé en 7 intervalles par huit colonnes d'ordre ionique. Dans les entre-colonnements vingt figures rendent des scènes de la vie du défunt. » Le monument reposait sur un massif de pierres, derrière lequel existait une fosse carrée en maçonnerie. On suppose que des fouilles en cet endroit amèneraient de nouvelles découvertes intéressantes.

Toujours dans la Revue Africaine T. IV, p. 474, on lit : « ....Des travaux de terrassements exécutés dans la rue militaire y ont fait découvrir le 10 septembre 1859, les substructions d'un therme romain. La partie mise en lumière est, à en juger par le croquis que M. le colonel de Neveu a bien voulu nous adresser, un hypocause ou fournaise. Les piliers creux en poterie qui soutenaient le plancher de l'hypocause et permettaient à la chaleur de circuler en-dessous sont très bien conservés.... »

A cette courte énumération nous ajouterons: lors des travaux d'édification des nouveaux ateliers de l'école professionnelle, on mit à jour de nombreux silos et souterrains; certains contenaient encore des objets métalliques informes. A proximité de cette même construction un particulier a édifié sa maison sur l'emplacement de l'ancienne voie romaine dont il a utilisé les jolies dalles. Cette voie romaine occupait approximativement l'emplacement de la route moderne. Toutefois, en face de l'école professionnelle, elle montait plus haut sur le coteau, présentant ainsi une déclivité régulière évitant le « dos d'âne » de la route actuelle. Par contre la route romaine abordait la Porte des Remparts un peu au-dessus de notre Porte des Jardins, sous un angle prononcé, particularité inadmissible avec les conditions du roulage moderne.

Enfin, dispersés en ville, se trouvent des fragments d'architecture et d'inscriptions (au Cercle Militaire, dans les jardins du Génie, dans les propriétés privées des Jardins.....)

Si l'on en juge par le résultat des fouilles, la nécropole romaine était située vers l'Est de la ville (rue Cayrol), par conséquent en dehors de l'enceinte, sur le versant du grand ravin comblé par les Français pour la construction de l'Eglise et de la Place.

La ville romaine apparemment se composait de deux agglomérations: l'une ceinte de murailles, sur l'emplacement de la ville moderne, devait assurer le refuge et la résistance en cas de danger; l'autre existait probablement sur le Plateau des Jardins que domine le phare Bengut. L'emplacement de ce faubourg est attesté par des ruines dont beaucoup existent sous plusieurs mètres de terre. Sont encore visibles de vastes piscines sur la plage dite « plage Faure »; une tour massive de quelque dix mètres de diamètre à la base et haute de quatre. Extérieurement un escalier taillé à même en permet l'ascension. Un évidement central à un mètre du sol, marque l'ouverture d'un escalier intérieur qui s'enfonçait dans le sol. Cette ruine est portée sur les plans du Service topographique et dénommée « Belvédère »; elle est à cent cinquante mètres environ des piscines. Autour existe un amoncellement de pierres taillées. Sont-ce là les ruines d'un poste fortifié avancé ?

Dans la propriété F., non loin de là, on trouve fréquemment des pierres taillées; c'était ces temps derniers encore un fragment de stèle (partie inférieure d'une femme drapée dont la main droite semble tenir une grappe de raisin).

»o«

L'histoire africaine n'a pas gardé souvenir d'événements militaires durant les trois premiers siècles de notre ère. Par contre, elle nous lègue par des inscriptions nombreuses un précis de colonisation remarquable. Monuments et routes abondent. La borne millaire de Dellys nous rappelle l'heureuse action des empereurs romains, Septime Sévère, Caracalla et autres.

L'ère de prospérité prend fin avec Gordien III (238 ap. J. C.). Une révolte kabyle survient vers 260, une autre en 297. On manque de documentation sur l'occupation effective de la région, et sur les moyens employés pour dompter ses habitants turbulents. Il est à présumer que la Kabylie fut simplement encadrée par quelques points autour du Massif et sur la côte. La XXXIe légion Augusta maîtrisa la révolte du berbère Tacfarinas à Auzia (Aumale), 24 ans après J. C. Mais les guerriers ne séjournèrent pas dans le pays. La IIIe légion Augusta a occupé la Berbérie aux 2e et 3e siècles, mais les auteurs s'accordent pour admettre qu'il n'y eut pas de légionnaires en Maurétanie.

Les abyles adhérèrent au christianisme; ils y adhérèrent par besoin de changement, de révolution, peut-être aussi par haine de la société romaine qui les maltraitait. Il y eut quantité de petites églises (nous avons signalé les ruines de celle de Rusuccuru; il y en avait une à Iomnium-Tigzirt où serait née sainte Marcienne, martyrisée à Cherchell) à la tête desquelles étaient des pasteurs décorés du titre d'évêques. Le concile de Carthage présidé par Saint-Cyprien en 255 en comptait 85.

Puis avec le naturel changeant de ces hommes, il y eut schisme et révoltes (Donatistes, circoncellions).

Rome lutta contre la nouvelle religion, et l'église eut ses martyrs. Les persécutions cessèrent en 305 avec Constantin.

Mais, aux mouvements religieux se joignirent les mouvements politiques (Révoltes de Firmus 373, de Gildon 398...). Et les ruines s'accumulèrent. Le geste malencontreux du gouverneur romain Boniface, en ouvrant les portes aux Vandales, devait les multiplier encore.

§ 4. — PERIODES VANDALE ET BYZANTINE (415-531) — (531-642)

Le traité de Carthage en 442, signé par Genséric et Valentinien, donne aux Vandales la Byzancène (Tunisie du Sud) et la partie orientale de la Numidie; il laisse aux Romains le reste de la Numidie, et les Maurétanies.

Mais après la prise de Rome par Genséric en 455 et par conséquent à la fin de la domination romaine en Afrique, les villes du littoral virent les incursions des Vandales et leurs pillages. Les Berbères subirent le joug du vivant de Genséric, mais se révoltèrent sous ses successeurs. D'autre part, les persécutions catholiques amenaient aux Vandales les représentations de Byzance qui se considérait comme suzeraine de l'Afrique (1).

Justinien décida l'expédition d'Afrique quand Gélimer eut détrôné Hildéric.

Le commandement fut donné à Bélisaire en 533. Celui-ci prend Carthage et reçoit les députations des chefs indigènes des Maurétanies. Après la défaite définitive de Gélimer, Bélisaire fit occuper les principales villes du littoral par les officiers.

Les Vandales ne laissèrent d'autres traces que celles de leurs dévastations. Ils contribuèrent à la disparition du christianisme ; d'ailleurs les croyances donatistes des indigènes s'accordaient mieux de l'arianisme vandale que de l'orthodoxie romaine.

Avec le Byzantin Solomon, premier gouverneur d'Afrique, l'occupation se réduit à quelques points du littoral (on a trouvé dans la région de Dellys des bronzes de Constantin et de ses successeurs, et des vestiges de restauration des constructions, restaurations d'ailleurs assez maladroites). Les Berbères ont donc pu reconquérir une partie des territoires abandonnés sous la conduite de rois prêts à les conduire au pillage. C'est une longue période de luttes et d'anarchie. Les divisions, même entre byzantins, allaient faciliter de nouvelles invasions.

§ 5. — PERIODES BERBERE ET ARABE (642-1515)

Nous avons déjà parlé du Berbère, l'indigène du pays dans toute l'acception du mot.

L'Arabe lui, a son histoire; nous n'en dirons que ce qui peut intéresser la Kabylie spécialement.

Les Arabes font des tentatives en Afrique du Nord avec le Khalife Othman et avec Okba ben Nafa vers 665. Mais après la mort de ce dernier vers 685, on retrouve la Berbérie indépen-

---

(1) Hildéric, un des derniers rois vandales ami de Justinien, avait fait acte de vassalité à l'Empereur d'Orient.

dante. Puis de nouvelles tentatives arabes se produisent en 690-696-698. Enfin, vers 703, les Arabes et l'Islamisme s'étendent sur la Berbérie; c'est une occupation de 8 siècles qui commence. Mais il est à présumer que la plupart des centres kabyles restent hors de la portée des occupants. Vers 1045 la Berbérie subit l'invasion des Hillals. C'est une ère de pillages. Les souverains berbères, dans leurs luttes intestines, auront recours aux arabes hilaliens pour peupler leurs armées. En récompense les Arabes recevront les terres des vaincus. Progressivement la puissance arabe se développera au détriment de la puissance berbère.

En 1067 le Hammadite En-Nacer fonde Bedjaia (Bougie) sur les ruines romaines de Saldaé. Les tribus du Djurdjura jusque-là indépendantes, subirent l'influence du voisinage du chef hammadite.

La secte des Almoravides, rivale des Hammadites, passe en Espagne en 1086. Le Fatémide Azz-ed-Doula, qui régnait à Alméria, se réfugie à Bougie chez les Hammadites. Ibn-Khaldoun nous apprend que Dellys faisait partie du royaume de Bougie et fut concédée par El-Mansour à Azz-el-Doula le réfugié d'Alméria.

Vers 1120 nait la secte des Almohades qui s'emparent de Bougie en 1152 et étendent leur domination sur l'Ifrikiya.

Des retours offensifs des Almoravides se produisent; en 1185, c'est la prise et le pillage de Bougie, Dellys, Alger, Miliana. En 1227 nouvelle occupation temporaire par les Almoravides des mêmes villes dont les Almohades s'étaient réemparées et qu'ils reperdent à nouveau.

Les Almohades disparaissent vers 1269. Vers 1230 était née la dynastie des Hafsides et en 1284 on trouve Dellys sous leur domination. En 1300 les Mérinides, ennemis des Hafsides, occupent le Mag'reb central et tentent en vain de s'emparer de Bougie. Grâce à la rivalité de deux frères Abou Yahia et Abou l'Baka, Bougie tombe sous la dépendance des Abd el Ouadites de Tlemcen qui occupent Dellys en 1312 avec Meçamah.

En 1346 le hafside Abou Yahia meurt à Tunis. Ses fils se disputent la succession. Le sultan Mérinide de Fès, Abou l'Hacen, gendre de feu Abou Yahia, se décide à venir dans l'est. Il s'empare de Bougie (1347), de Constantine, enfin de Tunis. Il s'y maintient difficilement, car d'une part, les hafsides réagissent et reprennent Bougie et Constantine, d'autre part, un des fils même d'Abou l'Hacen, Abou Tinane, se soulève contre son père.

Abou l'Hacen abandonne alors Tunis pour retourner au Maroc. Ce voyage est relaté dans un livre d'histoire de l'Andalousie, intitulé « Nafahou Ettib », du savant Ahmed El Mokari El Moghrabi (Tome 4, page 30). Nous devons à un lettré indigène de Dellys la traduction littérale suivante : « ..... il (le sultan Abou El Hassen) prit la mer avec une flotte de 600 bateaux. Il y eut un naufrage célèbre où sombra toute la flotte. Le sultan s'échappa sur une planche alors que tous ses compagnons périrent, parmi lesquels environ 400 savants. Ce naufrage eut lieu sur la côte de « Tadeless ».

Les mêmes événements sont relatés dans un autre livre « Istiksa Fitarikhi El Moghreb El Aksa », de Cheikh Abdallah Selaoui (Tome II), l'auteur indique que le naufrage eut lieu sur les côtes de la ville de Tadelesse entre Bougie et El Djazair beni Mezghana (Alger).

Abou l'Hacen séjourna quelque temps à Dellys et put ensuite regagner Alger (1350-750 de l'Hégire).

En 1352, Abou Abd Allah, seigneur de Bougie, reconnaît la suzeraineté des Mérinides, alors que Dellys reconnaît celle des Abd El Ouadites. Ceux-ci en 1363 sont un instant chassés de la ville par Abou Abd Allah, mais ils s'y réinstallent en 1365.

Dellys est incorporée à l'empire Hafside en 1369 avec Abou l'Abbas, cousin de Abou Abd Allah.

La période de 1370 à 1394 est une suite presque ininterrompue de luttes entre les dynasties de Tlemcen, Fès et Tunis (Abd el Ouadites, Mérinides et Hafsides). En 1393, le mérinide Abou Farès occupe momentanément Dellys.

Durant toute cette période Dellys, comme toutes les villes du littoral vécut d'un important commerce avec les puissances chrétiennes (1). Il est à présumer aussi que sa baie fut un refuge pour la guerre de course. Plus d'une fois, sans doute, retentit dans ses ruelles le bruit des chaînes des captifs chrétiens et peut-être aussi celui du canon des puissances européennes, soucieuses de mettre fin à la piraterie.

Pendant la première moitié du 15e siècle la prépondérance hafside s'affirme, alors que les mérinides se fractionnent et subissent l'incursion des Portugais.

Bougie et Dellys, durant cette période, bien que dépendant des Hafsides, jouissent d'une grande indépendance.

---

(1) Vers cette époque, il est encore fait mention d'un directeur des douanes à Dellys, ce qui laisse supposer une certaine importance commerciale.

La second emoitié du siècle (1) voit la chute du royaume musulman d'Espagne. Les chrétiens excédés de l'audace des corsaires barbaresques, interviennent fréquemment sur le littoral (2).

Dellys est un instant désigné comme point de débarquement des troupes espagnoles du roi d'Aragon. Le débarquement s'opère toutefois à Mers-el-Kébir en septembre 1506 : en 1509 Oran est pris par Pierre de Navarro. Le même amiral enlève Bougie au Hafside Abd-el-Aziz, 6 janvier 1509.

Les villes du littoral s'empressent de se soumettre. Dellys et Alger envoient à Bougie une députation chargée de reconnaître la suzeraineté du roi catholique.

L'intérieur de la Kabylie subit les conséquences de la rivalité de deux groupes de tribus de la vallée du Sahel (tribus des Beni-Abbès et de Kouko). Les conquérants utilisèrent toujours cette rivalité. Le fameux Aroudj, en 1515, bat le sultan de Kouko avec l'aide de celui de Beni-Abbès. Nous aurons l'occasion de reparler de ces gens.

La fin de l'hégémonie arabe sur la terre d'Afrique suit de près la chute du royaume musulman d'Espagne. Et dans la région cela se produit sans heurts; on passe aux mains des Espagnols puis des Turcs avec une indifférence immuable. De neuf siècles d'occupation il ne reste rien. Ce peuple à qui le Destin semblait sourire, qui vécut au 8e siècle des heures de prestige, abdique sans murmurer.

§ 6. — PERIODE TURQUE (1515 - 1830)

Vers 1510 apparaît dans l'Histaire Baba-Aroudj ou Barberousse Ier, corsaire turc. Ses tentatives sur Bougie sont de 1512 et 1515. Entre temps, en 1514, il s'est assuré Djidjelli. C'est le commencement de la période turque, au cours de laquelle triomphent l'anarchie et le despotisme.

---

(1) La prise de Grenade est du 2 janvier 1492. Elle est suivie d'un exode en Afrique des Musulmans persécutés en Espagne. Beaucoup de ces bannis vinrent repeupler les villes du littoral: Dellys, Bougie, etc. Les nouveaux venus apportèrent la haine du nom chrétien, et plus que jamais la guerre de course devint une sorte de guerre sainte.

(2) Un petit marabout, Lalla Metouba, sur la hauteur au-dessus de Sidi-Zaid, marque encore l'endroit où se succédaient les guetteurs chargés de donner l'alarme en cas de tentatives de débarquement sur le littoral kabyle.

Dellys devient siège du gouvernement de Kheir ed Din, lorsque celui-ci partage la régence d'Alger avec son frère Baba-Aroudj.

Aroudj, vaincu et tué par les Espagnols dans l'ouest oranais en 1518, le prestige turc est atteint et la situation de Kheir ed Din s'en ressent. Menacée par les Arabes de la plaine et par les Espagnols, la domination chancelle. C'est alors que Kheir ed Din fait hommage du royaume d'Alger à Sélim Ier et reçoit de lui des secours.

Ici se place le désastre espagnol de l'été 1519 (1) dans lequel Kheir ed Din, Barberousse II, joue un rôle de premier plan.

Le triomphe turc ne dure pas longtemps ; à la tête de Tunisiens et de Kabyles, Ben el Kadi, de Kouko (2), inflige une sanglante défaite à Kheir ed Din en pleine Kabylie en 1520. Le Turc fuit à Djidjelli et reprend ses courses d'autrefois.

Ben el Kadi et ses Kabyles restent maîtres d'Alger. Selim était mort et la Porte, préoccupée d'autres entreprises, abandonnait Barberousse à son sort.

Durant cette brève période, Dellys relève apparemment des seigneurs de Kouko.

Kheir ed Din ne reste cependant pas inactif. Entré en rapports avec Abd el Aziz (3), chef berbère des Beni-Abbès, rival de Ben el Kadi de Kouko, au moment où la Mitidja est lasse du joug kabyle, il défait Ben el Kadi à l'oued Bougdoura et au col des Beni-Aïcha (Ménerville). Le maitre de Kouko est tué, et Alger appartient à nouveau au Turc, 1515 (4). El Houssine, frère de Ben el Kadi, résiste deux ans encore en Kabylie, mais finalement se soumet.

Dellys redevint donc turc sous Kheir ed Din. Dans sa baie se rassemblent les quarante fustes qui doivent aider Barberousse à s'emparer d'Oran. La bourgade est commandée par un Caïd

---

(1) Les Espagnols vinrent plusieurs fois devant Alger en 1516. 1519, 1541, 1601, 1775 et chaque fois éprouvèrent une défaite

(2) Koukou ou Kouko était encore en 1730 le chef-lieu des Zouaoua (Douar-commune d'Itourar, commune mixte du Djudjura, Vallée supérieure du Sébaou (Oued Boubehir). A lire « Histoire de Koukou », ancienne capitale de la Kabylie (1857) par le Dr Leclerc, Revue Africaine, T. II, p. 153.

(3) Ancêtre des Mokrani; Kalaâ des Beni-Abbès est à 35 kil. nord-ouest de Bordj-bou-Arréridj.

(4) Les Espagnols perdent le Pénon vers 1529.

ou un Hakem, sorte de Maire, et reçoit une garnison (1). Mais le cœur de la Kabylie reste relativement indépendant avec Ibn el Kadi, vassal du pacha d'Alger.

Dellys connaît alors une longue période de tranquillité. L'intérieur du pays est cependant de temps à autre secoué par des révoltes et des mouvements militaires.

Nous énumérons brièvement les principaux :

En 1542, Hassan Agha châtie le roi de Kouko de sa connivence avec les Espagnols (Ahmed ben El Kadi s'était même fait chrétien et recevait une pension d'Espagne). La voix du canon se fait pour la première fois entendre dans les montagnes kabyles.

En 1550-1551-1552, luttes des Turcs contre les Beni-Abbès commandés par Abd-el-Aziz.

En 1558, Abd-el-Aziz intercepte les communications entre Alger et Constantine. Il se fait battre et tuer par le bey Amokran; son frère continue la lutte et finalement traite avec ses adversaires

En 1590, ce même Amokran des Beni-Abbès est de nouveau en lutte contre les Turcs sous les ordres du pacha Kheder.

En 1598, 1600, 1601, les Kabyles recommencent à inquiéter Alger même. Le pacha est deux fois battu par eux et renonce à soumettre ces turbulents.

En 1603, les chrétiens débarquent sur les côtes kabyles (2) et essayent d'entraîner les montagnards contre Alger. Ils sont trahis et se font massacrer.

Sept ans plus tard les Kabyles sont tout de même refoulés dans leurs montagnes : les Turcs occupent Kouko ; ils occupaient Djemaâ-Saharidj depuis 1606. Même leçon leur est infligée en 1624. Nouvelles luttes en 1638, en 1640 aux portes d'Alger, en 1643.

---

(1) Il y a 60 Turcs en 1533 (Documents inédits sur l'histoire de l'occupation espagnole en Afrique).

Le dernier caïd fut Nacef qui habitait le Bordj-Sébaou près Camp du Maréchal. Bordj-Sébaou créé par Ali Khodja en 1133 de l'H. (1720) relevait d'abord du bey de Titery; vers 1745, il passe sous l'autorité du pacha d'Alger.

La marine indigène comptait une douzaine de felouques faisant le cabotage entre Cherchell et Bougie.

(2) D'après Grammont (Histoire d'Alger), ce débarquement, dirigé par le vice-roi de Mayorque, eut lieu à Azeffoun (Mers el Fhâm).

Fait à noter : en août 1662 l'escadre du duc de Beaufort qui s'était ravitaillée à Stora et se dirigeait vers Alger, passe à Dellys en faisant des prises sur sa route. On sait que cette expédition échoua comme tant d'autres.

En 1707, Dellys est le théâtre d'un événement singulier. A la suite d'une révolte des Yoldachs, Hossain, dey d'Alger, est déposé et remplacé par Hakdache. Celui-ci s'empresse d'éloigner Hossain. Mais la tempête jette l'exilé sur la côte de Dellys. Les Kabyles, qui ont pour lui respect et considération, l'apprennent et viennent l'enlever pour le conduire à Kouko. Hossain y mourut, paraît-il, quelques jours plus tard (Revue Africaine, p. 13).

En 1767, nouvelle révolte. Les Kabyles, commandés par le marabout Si Ahmed ou Saadi, infligent aux Turcs une sanglante défaite. La soumission n'intervient qu'en 1772.

En 1823, l'Agha Yajia étouffe une insurrection dans la région des Beni-Ouaguenoun et de Bougie, dirigée par Saïd ou Rabah. La répression fait naître un incident entre Alger et l'Angleterre. L'intervention de la flotte anglaise en 1824 ne put faire obtenir de résultat décisif au sujet de l'incarcération de Kabyles habitant Alger et de service au Consulat. L'Angleterre réclamait pour eux l'immunité diplomatique ; les Turcs ne les emprisonnèrent pas moins.

Somme toute, pour Dellys comme pour le pays kabyle, c'est toujours la même attitude : on supporte difficilement le joug étranger, on s'en affranchit chaque fois qu'on en a l'occasion, et l'étranger n'insiste pas trop en présence d'un état d'esprit qu'il lui coûterait cher de réduire (1).

Seule l'occuptaion française, puissante, à la fois militaire et économique, s'imposera. Mais elle procèdera méthodiquement avec des moyens de pénétration irrésistibles. Malgré tout la révolte grondera quelquefois encore et nous vaudra des sacrifices sanglants.

---

(1) La côte est particulièrement inhospitalière :

Le 17 juin 1829, 2 frégates, Iphigénie et Duchesse de Berry, en donnant la chasse à un corsaire près du Cap de Dellys, se mettent à la côte à l'embouchure de l'Isser. Les indigènes nous massacrent 25 marins.

Le 15 mai 1830, 2 bricks, Aventure et Silène, viennent à la côte à l'embouchure de l'oued el Arba : 110 marins sont massacrés et les autres conduits en captivité à Alger. Sur la plage à l'ouest du Sébaou existent encore 7 Caronades venant de ces bateaux. (L'oued El-Arba sert de limite entre les cantons judiciaires de Dellys et de Bordj-Ménaïel).

§ 7. — PERIODE FRANÇAISE

Les événements qui ont immédiatement précédé et suivi notre installation à Alger sont connus (1).

Nous savons que dès les premiers jours de la conquête, nous nous heurtâmes aux Kabyles enrolés sous la bannière turque au nombre de 16 à 18.000.

En juillet 1830, Ben Zamoun, chef de la puissante tribu des Flissas, s'était montré disposé à accepter notre domination. Mais en novembre à Blidah, nous avions là mesure de son loyalisme, et échappions péniblement à un guet-apens qu'il nous avait tendu.

Au mois de mai 1837, les Kabyles étant venus saccager des propriétés sur le territoire de la Réghaïa, une petite colonne franchit le col des Beni-Aïcha (Ménerville), défit Ben Zamoun et avança jusque sur l'Isser. Cette colonne devait en rejoindre une autre commandée par le général Perrégaux et destinée à aller à Dellys par bateaux. Mais l'état de la mer ne permit pas cette dernière opération. La colonne de l'Isser, se trouvant isolée, battit en retraite. Puis ayant reçu des renforts, elle reprit l'offensive.

A ce moment la tribu des Issers et Dellys se soumettent, mais nous n'occupons pas la ville. Une délégation se rendit à Alger sur une balancelle commandée par le nommé Djebrouni Mohamed; elle revint, dit-on, accompagnée de quelques Français.

En 1840, l'émir Abd-el-Kader avait sous ses ordres huit Khalifas, sorte de Maréchaux commandant les troupes et dont l'un Si Ahmed Taïeb ben Salem avait le Sébaou pour province (2) (Histoire générale Lavisse et Rambaud). Belkacem de Tamda et El Hadj Aomar ben Mahieddin de Taourga étaient aghas sous l'autorité de ben Salem. Abd-el-Kader vint, dit-on, à Dellys vers cette époque par la vallée du Sébaou dont il razzia certaines propriétés. Soupçonnant la ville d'entretenir par mer des intelligences avec les Roumis, il exigea qu'elle lui fournît des soldats. On en trouva 23. L'émir séjourna six ou sept jours à la grande mosquée, aujourd'hui disparue.

---

(1) Une étude des événements de l'époque 1830 en Kabylie a été faite par M. Robin. (Revue Africaine, 1875).

(2) Ben Salem avait un frère, Si Aomar, bach-agha sur le versant nord du Djurdjura.

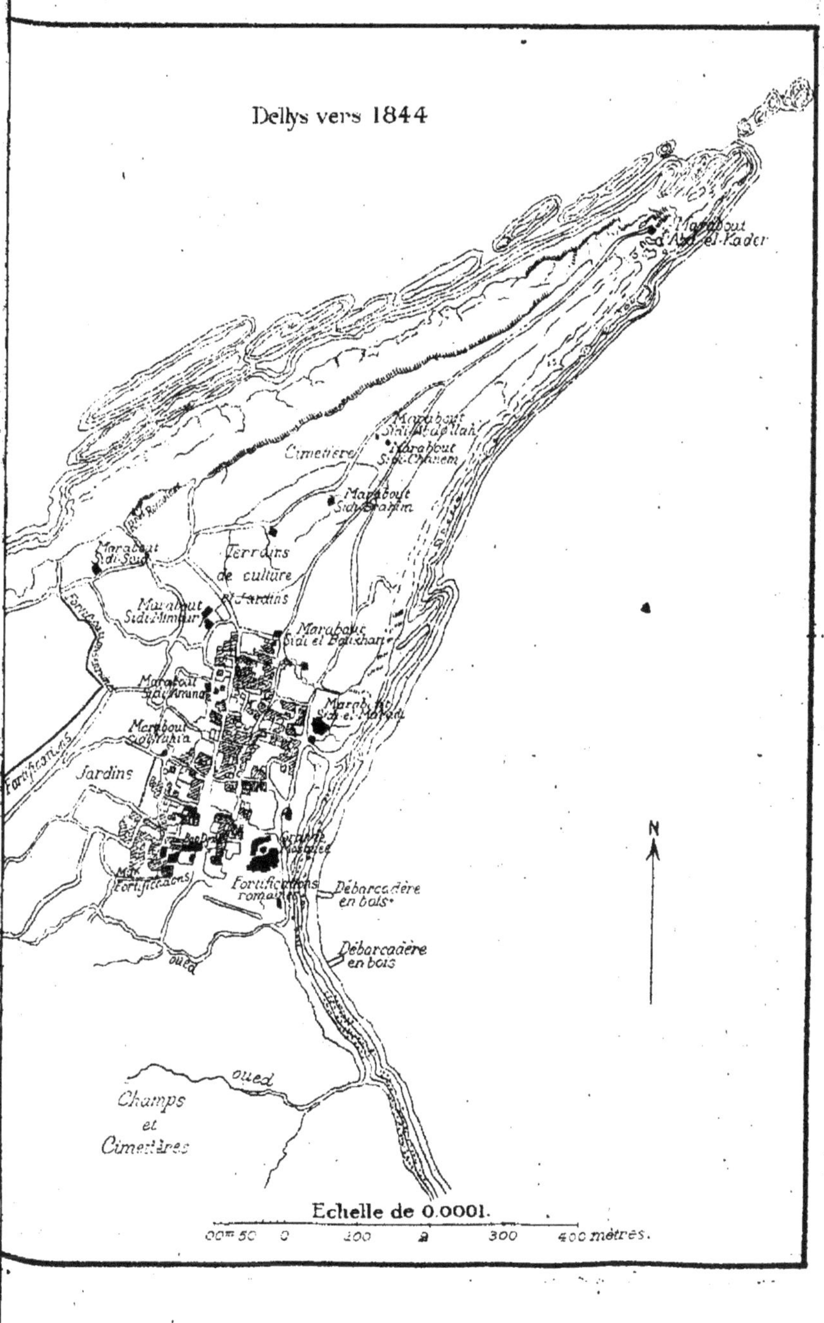

Dellys vers 1844
Marabout d'Abd el-Kader
Marabout Sidi Abdallah
Cimetière
Marabout Sidi Brahim
Terrains de culture et Jardins
Marabout Sidi Yahia
Jardins
Fortifications
Fortifications
Fortifications romaines
Débarcadère en bois
Débarcadère en bois
oued
oued
Champs et Cimetières
N
Echelle de 0.0001.
00m 50 0 100 300 400 mètres.

Des chefs kabyles avaient promis leur concours à l'émir « si les Français voulaient pénétrer dans leur pays, n'ayant, disaient-ils, jamais reconnu l'autorité d'étrangers ».

Cependant nous nous étions ménagé des accointances dans ces milieux farouches : on sait qu'en 1831 nous nous en étions remis à un Mahieddin du soin d'assurer la sécurité dans la Mitidja ; en 1839 un Mokrani nous facilita le passage des Portes de fer.

En octobre 1841, nous nous étions heurtés à Ben Salem dont nous voulions disperser les contingents, et ruiner les villages. Le 1er Tirailleurs, dont la création remontait à peine à quelques mois fit, dans la rencontre, excellente figure; il perdit son colone, M. Leblond, dans le combat (Affaire des gorges de Bordj-bel-Kharouh).

Dellys fut définitivement occupée par le Maréchal gouverneur Bugeaud le 7 mai 1844. Voici le récit des événements, d'après d'Ideville (le Maréchal Bugeaud).

La côte Est d'Alger était restée jusque-là insoumise. Bougie avait été occupée fin septembre 1833 par Trézel. La chute des Turcs laissait l'intérieur sans autorité capable d'assurer l'ordre. Dellys, à partir de 1830, reçut la visite périodique de montagnards qui, armés jusqu'aux dents, terrorisaient la population ; leur quartier général était le petit marabout de Sidi-el-Bouhari.
Les notables firent alors des avances à l'autorité française d'Alger et une délégtaion reçut les troupes lorsqu'elles apparurent sur les hauteurs de la ferme Lafourcade. L'un de ces notables, Mouloud, fut nommé caïd par le Maréchal.

L'opération sur Dellys fut précédée d'une proclamation. La colonne qui devait l'assurer se réunit le 25 avril 1844 au bivouac de Maison-Carrée. Elle était constituée par de l'artillerie, du génie, des spahis, deux bataillons du 3e léger, deux bataillons des 23e et 48e de ligne et 590 hommes du 1er tirailleurs.

Une réquisition de bêtes de somme avait été adressée à toutes les tribus du Tittery et du Sébaou. Malgré la pluie, le mauvais état des chemins et le débordement des rivières, au jour indiqué, mille mulets et chameaux étaient réunis à la Maison-Carrée. Le 7 mai, le Maréchal arrivait à Dellys et prenait ses dispositions pour un établissement définitif.

Bugeaud laissa à Dellys 100 hommes d'infanterie de ligne, 50 sapeurs, 100 hommes du 1er tirailleurs, 120 de milice locale, sous le commandement du capitaine Périgot du 1er tirailleurs.

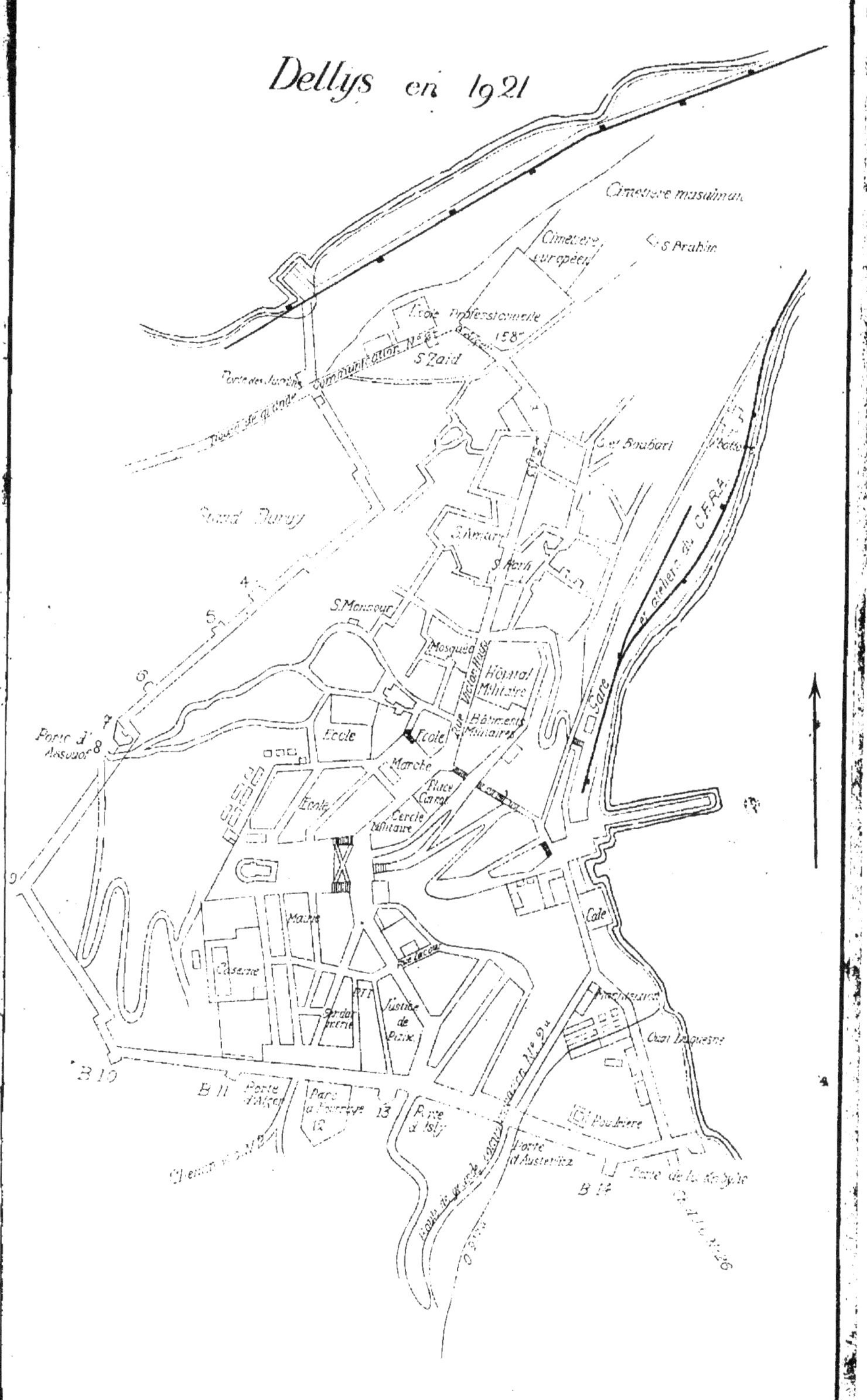
Dellys en 1921
Cimetière musulman
Cimetière européen
S. Brahim
Ecole Professionnelle
S. Zaïd
Porte des Jardins
Grand Bunay
S. Amar
S. Mansour
Mosquée
Hôpital Militaire
Bâtiments Militaires
Ecole
Ecole
Ecole
Marché
Place Carnot
Cercle Militaire
Gare
Cale
Caserne
Mairie
Justice de Paix
Porte d'Alger
Porte d'Isly
Porte d'Austerlitz
Porte de la Kabylie
Quai Duquesne
Poudrière
Porte d'Assouaf
B 10
B 11
B 14
4
5
6
7
8
9
12
13

Le 12 mai, la moitié de la colonne fut attaquée par des contingents réunis par Ben Salem, au moment où elle repassait l'oued Neça (1) pour retourner au camp de Bordj-Menaïel. Le convoi massé sur la rive gauche fut confié à un bataillon du 48e. Avec le reste de l'infanterie, environ 2.000 hommes et des goums indigènes, le maréchal prit l'offensive sur la rive droite contre un ennemi cinq fois supérieur en nombre et commandé par El Hadj Aomar ben Mahieddine. Les goums soutenus par vingt spahis, neuf gendarmes et des hommes du train des équipages se jetèrent sur la droite ennemie, l'infanterie poussa au centre. Les masses kabyles disposées en demi-cercle furent coupées en deux et les combattants se dispersèrent laissant trois cents morts, beaucoup d'armes et un drapeau. Nous eûmes de notre côté une vingtaine de blessés.

Le frère de Mahieddine, Lamdani, fut nommé agha des Taourga.

Le 17 mai, nouveau combat sur la rive gauche du Sébaou, à Ouarez el Dine. L'ennemi laisse sur le terrain, quatre cents morts et une centaine de blessés. L'engagement nous coûtait trente morts et une centaine de blessés, parmi eux, le sous-lieutenant Valentin, du 1er tirailleurs, inhumé dans un jardin près de la porte d'Austerlitz, à Dellys.

Le 21 mai, la tribu des Flissas faisait sa soumission et Ben Zamoun recevait le burnous d'investiture.

En se soumettant, les Flissas s'excusèrent d'avoir cambattu. « Nous ne pouvions nous dispenser de combattre. Nos femmes n'auraient plus voulu nous regarder, ni préparer nos aliments. Nous avions promis à Ben Salem de mourir avec lui s'il voulait mourir avec nous. S'il eût tenu parole, nous nous serions fait tuer jusqu'au dernier ; mais il a fui au commencement de l'attaque. Nous ne lui devons plus rien. Il ne reparaitra plus dans nos montagnes et nous serons aussi fidèles à la parole que nous te donnons qu'à celle que nous lui avons donnée ».

Les chefs Kabyles prétendirent se dispenser de payer l'impôt sous prétexte qu'ils ne l'avaient jamais payé, ni à Abd el Kader, ni aux Turcs. « Je ne me règle, répondit le maréchal, ni sur Abd el Kader, ni sur les Turcs. La France est autrement puissante que ne l'était le dey d'Alger. Elle veut que les Arabes, comme les

(1) Ou Nesser, affluent du Sébaou. A défaut d'autres indications plus précises la position de ce point indique que nos troupes avaient dû traverser tout le massif de Taourga et de Litama.

Français, soient traités avec égalité. Vous paierez l'impôt comme les autres ». Les Kabyles se résignèrent (Maréchal Bugeaud, par d'Ideville).

D'après le général Donop, « Lettres sur l'Algérie », la réponse des Flissas à la sommation qui leur était adressée par Bugeaud était infiniment moins digne que la déclaration reproduite ci-dessus, elle était même irrévérencieuse.

On note à ce moment la nomination de Allal ben Ahmed Seghir à la tête des Amraoua (1). Allal trahit ensuite et fut remplacé, en 1847, par Belkacem. Nous retrouverons cet Allal, chef insurgé en 1871.

La soumission obtenue des Kabyles en mai dure peu. Le Maréchal occupé dans l'ouest algérien, Ben Salem reparait. Le général Comman avec un colonne de 3.000 hommes fut même mis en échec et dut se replier sur Dellys, (19 octobre 1844). Le vainqueur d'Isly accourut, déloge les Kabyles et le 29, l'aghalik de Taourga se soumet à nouveau (Bugeaud, par d'Ideville).

Ben Salem reparait encore en 1845. En juillet Bugeaud décide une nouvelle expédition en Kabylie. Le 23, le maréchal vient à Dellys prendre le commandement d'une colonne de 5.000 hommes qui doit opérer contre l'ancien lieutenant d'Abd el Kader. Celui-ci est assisté de Belkacem et de Bou-Chareb. Grâce à des nouvelles tendancieuses habilement répandues l'insurrection avait gagné la plupart des Zaouïas.

Le 25 juillet, Bugeaud est à Aïn-el-Arba, au cœur de la sédition et brûle tous les villages sans tirer ni reçevoir un coup de fusil. Il passe ensuite chez les Beni-Raten (Fort-National) qui promettent de ne plus recevoir Belkacem (2).

En février 1846, les troupes de Dellys et d'Alger sont concentrées au Fondouk, et rayonnent pendant vingt-cinq jours dans la Mitidja pour empêcher Abd el Kader d'y pénétrer.

Le 2 mars, le Gouverneur général lance à toutes les tribus kabyles une proclamation dans laquelle, après s'être défendu de faire la guerre aux habitants, mais bien à Abd el Kader et autres perturbateurs, il dit : « ....mais j'apprends que El Hadj

(1) Les Amraoua, en 1869, ont formé six douars communes dont Tikobaïn et Sidi-Naman (Canton judiciaire de Dellys).

(2) La création de Camp-du-Maréchal se place à cette époque. Le nom évoque celui de Bugeaud et non celui de Randon comme certains le croient.

Abd el Kader vous a convoqués en assemblée à Bordj Boghni pour vous provoquer de nouveau à ce qu'il appelle la guerre sainte..... Repoussez de votre sein Abd el Kader, Ben Salem, Bou-Chareb, et autres ambitieux et intrigants...... ».

Le 10 mars, le colonel Camon rejoint l'arrière-garde d'Abd el Kader et lui enlève un important butin.

Bugeaud termina sa brillante carrière par la soumission complète de la Kabylie (6-15 mai 1847, opérations contre les Beni-Abbès, prise d'Azrou). Soumission plus apparente que réelle, car entre 1848 et 1857 il fallut presque chaque année recommencer une campagne (1).

Ce fut Randon qui, en 1857 en vint à bout (2) ; opérations en juin 1857 avec Mac-Mahon, Renault, Yusuf, Maissiat. Construction du Fort-Napoléon (Fort-National) par le commandant Guillemant et de la route de Tizi-Ouzou - Fort-Napoléon (28 km. en 18 jours). Les évènements européens de 1870 et1871 devaient réveiller à nouveau les idées d'indépendance des montagnards kabyles.

INSURRECTION DE 1871

En 1847 Belkacem avait fait sa soumission et avait été nommé bach-agha. Cette nomination avait froissé Mahieddine le vaincu du 12 mai 1844, qui avait vu avec déplaisir, son frère Lamdani, placé sous les ordres de Belkacem. A la mort de Lamdani (6 avril-1855), l'aghalik fut supprimé et le neveu du défunt, Lounis Ben Ahmed Mahieddine, fut simplement nommé caïd des Taourga, le 16 juin 1855. Ce nouvel abaissement de la puissance des Mahieddine déplut au vieil El Hadj Aomar. Aussi, lorsqu'en

(1) Notamment : en 1851, opérations contre le chérif Bou-Baghla, dans la vallée du Sahel (Général de Saint-Arnaud). En 1854, expédition du Haut-Sébaou. Colonne du général Cuny, à Bordj-Sébaou. Colonnes Mac-Mahon et Camou. En 1856, mort de l'agitateur Bou-Barla; attaque de Tizi-Ouzou par les Beni-Raten. Colonne Deligny, prise de Tikobaïm des Beni-Ouaguenoun, 30 janvier. Colonne Renault et usuf (Septembre).

(2) « La Kabylie est soumise. Il n'est pas une seule tribu qui n'ait subi notre loi... ». Ordre général 16 juillet 1857.

avril 1871, la guerre sainte fut proclamée (1) tous les membres de la famille Mahieddine à l'exception du Caïd Lounis, se jetèrent dans le mouvement et en devinrent les chefs (2).

La plupart des détails qui vont suivre sont empruntés à « l'Histoire de l'Insurrection de 1871 », de Louis Rinn, et à « l'Insurrection de la grande Kabylie », du Colonel Robin.

Lèvent l'étendard de la révolte tous les Mogaddems des Beni-Ouaguenoun, des Beni-Thour, des Beni-Slyem, avec le président du Medjelès de Dellys et Allal ben Ahmed Seghir, le destitué de 1847. Tous proclamèrent le vieil Aomar ben Mahieddine, chef des combattants, qui, d'ailleurs, vu son âge délégua le commandement à ses cinq fils.

L'insurrection commença le 17 avril 1871 par une néfra sur le marché de T'nin près Rébeval. Gendarmes, spahis et miliciens dissipèrent les perturbateurs dont le but était surtout d'effrayer les colons et de les faire rentrer à Dellys. Le soir même parvenaient de mauvaises nouvelles: Dellys faisait prévenir que les Beni-Ouaguenoun devaient le lendemain attaquer et piller les villages et les maisons isolées de la banlieue.

La plupart des colons, après avoir réuni ce qu'ils avaient de plus précieux, se replièrent en hâte sur le chef-lieu de canton, où les premiers groupes arrivèrent vers 10 heures et demie du soir, sans incident sérieux. Le général Hanoteau, commandant la subdivision, chargea son interprète militaire, M. Guérin, d'aller avec des spahis à la rencontre des suivants et tous rejoignirent Dellys vers 2 heures du matin. Un petit groupe de colons restés tardivement à Rébeval ralliait au même moment.

Les nouvelles qu'ils apportaient étaient plutôt graves : ils avaient pu apercevoir des feux de bivouacs et des incendies

---

(1) Exposer les raisons de cette levée en masse sortirait du cadre de notre modeste étude. Evènements politiques français, influence religieuse, maladresses à l'encontre du bach-agha Mokrani, rivalité entre Mokrani et Ben Ali Chériff de Chellata, influence de Cheik el Hadded, chef suprême des Rahmania, esprit d'indépendance que l'Histoire a consacré, motifs divers avoués et inavouables...... ont concourus à la sédition. En quelques heures se soulevèrent 600.000 Kabyles et se groupèrent 120.000 combattants sous l'autorité de Mokrani bach-agha de la Medjana (canton judiciaire de Bordj-bou-Arrérridj).

(2) M. Saint-Afrique dit Janin, propriétaire à Bou-Médas, fit une tentative infructueuse auprès de l'un d'eux, le caïd Ali de Tamda (16-17 avril) pour essayer de le faire rentrer dans le devoir.

de fermes, et entendre des coups de feu dans le lointain. Vers 11 heures et demie du soir, la ferme Janin, à Bou-Médas avait été attaquée par 25 pillards et le fermier avait dû fuir avec sa femme et gagner Dellys. La ferme Ruaud avait aussi été pillée et le fermier assassiné (il fut ultérieurement inhumé au cimetière de Dellys). La propriété habitée par M. Villacroze et Madame P. était saccagée, mais les propriétaires avaient pû fuir. Des alertes s'étaient produites à Rébeval. Au cours de l'une d'elles, un paysan kabyle, Mohamed ben Mahieddine, avait donné l'hospitalité à un colon menacé (M. Alazet). L'instituteur, M. Blanc, avait été tué par les gens de Ben-Archao. Le 18 au matin, 11 colons restés à Rébeval décident de partir, mais la route est barrée par les gens de Berlia commandés par Said ou Allal. On parlemente, on affirme de bonnes intentions et quand les européens ont repris confiance on les entoure et on veut les désarmer. Trois d'entre eux, MM. Soudon, Lambert et Blanc fils, se barricadent dans l'école et commencent la résistance ; les autres se dispersent ; cinq sont tués à coups de fusil ; MM. Jourdan, Perroto, Canette, Giraud et Rey. Un sixième, M. Alazet, réussit à passer le Sébaou, fut à nouveau recueilli par son sauveur de la veille et remis à un Mokadem des Rahmania. M. Alazet fut délivré par le commandant Letellier (1).

Le siège de la maison d'école se poursuit. Pourtant on trouve encore des éléments pondérés dans le milieu indigène : le Kabyle, qui, la veille a secouru un européen, le moquaddem Si Mohamed Chérif et Grebissi, un simple Khamès, Ameur Sabri, une vieille femme influente Fatma bent Yahia, s'interposent ; les ouled Allal, les notables veulent arrêter la lutte et garder simplement les européens comme otages ; ils ne sont pas entendus. Un paysan de Berlia, Omar ben Mohamed Oukaci, excite les forcenés ; ils entourent la maison de broussailles qu'ils enflamment, les trois malheureux assiégés sont ensevelis sous les ruines fumantes. Les ossements des victimes furent recueillis et inhumés avec les honneurs militaires le 2 juin (M. le colonel Robin).

Le même jour Ben-N'Choud est saccagé. Les derniers colons, MM. Tourel et son fils, Cosma et un domestique, Faytral et son fils, Laffitte, Bordj et Brassenhauer évacuent ce hameau sans d'ailleurs être menacés. Mais l'un d'eux, M. Brassenhauer, dans

(1) Les évènements diffèrent quelque peu dans un ouvrage dû à un témoin oculaire. (M. Villacroze « Vingt ans en Algérie », 1875).

un geste de colère irréfléchi, fait feu dans la direction des pillards. Il est immédiatement poursuivi, blessé, tué et a la tête tranchée.

Le 19 avril, Dellys est à peu près investi par les insurgés qui pillent méthodiquement toute la banlieue. Les communications télégraphiques ayant été coupées, le général Hanoteau décide d'envoyer une barque à Alger pour informer de la situation. C'est un indigène Schériff ben Taleb, qui se charge de cette importante mission de confiance. (Cet homme a droit au souvenir reconnaissant. Il est mort dernièrement retraité des Douanes). Pendant ce temps, le commandement prend ses dispositions pour la défense.

La garnison se compose d'environ 300 hommes, tirailleurs et miliciens. Avec un effectif aussi réduit on ne peut songer à défendre le mur d'enceinte qui se développe sur 1.800 mètres. On constitue en réduits défensifs deux groupes de bâtiments : l'hôpital et la mosquée d'une part au centre de la ville, les bâtiments de la manutention d'autre part sur le bord de la mer, et l'on ordonne les travaux en conséquence. Mais le 15 avril débarque un premier renfort de 280 hommes du 1er et du 4e zouaves et du 3e d'artillerie.

On peut alors organiser la défense de l'enceinte même.

Le général dispose de 2 obusiers de 0.15, de 3 obusiers de montagne et de 2 mortiers de 0.15 ; il place les obusiers aux bastions 13, 14, 8 et 2, les mortiers au fortin de Sidi-Souzan.

Le 22 avril une pièce de 12 sur affût de marine est débarquée et mise en battreie.

Le 10 mai deux autres pièces de 12 sont mises en service aux bastions 10 et 13.

En prévision d'une rupture des conduites d'eau, qui se produit d'ailleurs les 27 et 28 avril, on construit un barrage à l'Oued-Tiza pour abreuver le bétail. Le parc à fourrages est déplacé et porté vers le cimetière européen. Enfin, les abords de la place sont dégagés.

Le 20 une reconnaissance rapporte d'utiles renseignements sur le nombre, l'armement et la qualité des insurgés.

Le 22, le « Jura » débarque à Dellys 400 mobiles de l'Hérault, des vivres et des munitions.

Le 23 une corvée déblaye les abords de la place vers Sidi-Souzan. Elle est assurée par 150 indigènes encadrés de zouaves et commandée par le capitaine Huber du bureau arabe.

Pendant ce temps, l'aviso Limier quitte la baie pour aller bombarder le village d'El Assouaf.

Vers sept heures et demie, les Taourga massés vers Bou-Médas, dessinent une attaque vers le bastion 13 et la batterie 15 près de la mer côté Est. L'alerte est donnée, la corvée rentre, et les effectifs disponibles occupent les créneaux.

Les rebelles commandés par le fils de Mahieddine et du caïd Lounès sont reçus par une vive fusillade. Le Limier revient s'embosser dans la baie et son tir bien réglé débusque les assaillants. L'aviso le Daim arrivé sur ces entrefaites contribue à dégager les abords de la place. L'affaire nous coûte deux blessés.

Il devenait nécessaire d'avoir des nouvelles de l'intérieur ; or, les émissaires envoyés n'avaient pas reparus. On était cependant en droit de compter sur de nombreux agents indigènes, trop compromis à notre service pour avoir pu faire cause commune avec les insurgés. Il fallait savoir à quoi s'en tenir.

Le 23 avril l'interprète militaire Guérin fut envoyé en mission dans ce but, auprès de Dali Ahmed ben Hossine, caïd des Isser-el-Ouidane. Le « Daim » débarqua la mission à l'embouchure de l'Isser. L'entretien de M. Guérin et du Caïd permit de se rendre compte de l'attitude équivoque des tribus des Issers qui, insuffisamment protégées, devaient se soumettre aux Khouans insurgés. On apprit également que des Européens étaient prisonniers, mais bien traités au douar d'El-Richa.

Ce même jour, le Daim et le Limier, ce dernier ayant à bord le Caïd Lounès dont la présence à Dellys exaspère les colons (1), rallient Alger et sont remplacés par la frégate l'Armide avec ses compagnies de débarquement.

Le 27 avril une sortie est faite pour réparer la conduite d'eau d'Aïn-Kandok ; elle fut coupée à nouveau aussitôt après. Dans la nuit, la conduite d'El-Assouaf est mise hors de service et le

---

(1) Le caïd Lounès semble nous avoir été fidèle, quoique ses fils se soient trouvés à la tête des insurgés. Pourtant l'attitude de Lounès n'a pas été sans soulever des commentaires passionnés. On décida son éloignement de Dellys en 71. Plus tard, devenu conseiller municipal de la localité, sans être électeur, sa présence dans l'assemblée donna lieu à de nouvelles protestations et à une demande d'enquête (janvier 1878). Protestations et enquête n'eurent d'ailleurs, aucune suite.

Il est juste de faire remarquer que Lounès ne fut pas le seul notable habitant la campagne qui vint se réfugier à l'abri de nos murs. On me cite Ben Djadoum de Takdempt qui, également aux premières heures de l'insurrection rallia Dellys.

château d'eau de la conduite de Bouabeda est détérioré par les insurgés.

Le 28 une reconnaissance répare le château d'eau. La ville a d'ailleurs de nombreux puits et n'a pas à craindre de manquer d'eau potable.

Ce même jour, la défense d'un troupeau nous coûte la vie d'un matelot. (Inhumé au cimetière de Dellys).

Du 29 avril au 6 mai, aucun incident particulier ne survient à Dellys. Entre temps, le 5 mai, le bachagha de la Medjana, Mokrani avait été tué sur les bords de l'Oued-Soufflat dans une rencontre avec la colonne du général Cérez. Boumezrag était devenu le chef des insurgés.

Nos moyens d'action s'organisent cependant. Le 11 mai le général Lallemand a débloqué Tizi-Ouzou et assuré les communications avec Alger ; cela produit un certain effet sur les tribus voisines de Dellys.

Le 12 mai, 200 hommes sous les ordres du commandant du génie de la place font une longue reconnaissance et incendient les villages abandonnés d'El-Assouaf, Takdempt, Touabet, sans rencontrer personne. On peut dès lors faire sortir les troupeaux.

La situation d'ailleurs n'a jamais été bien pénible, du moins pour les européens (1). Les indigènes de la ville souffrirent de l'ostracisme des habitants européens, qui n'accordaient qu'une foi relative aux déclarations de loyalisme. Une délibération du Conseil Municipal du 11 mai refuse tout secours aux indigents indigènes « parce que cela produirait le plus mauvais effet sur la population européenne surexcitée au dernier point contre les indigènes, parce que leur fidélité n'est qu'apparente et que beaucoup d'entre eux se seraient ralliés à l'insurrection s'ils

---

(1) Dans l'ouvrage de M. Villacroze déjà cité, on lit : «....ils (les assaillants) étaient environ 18.000 ; la dixième partie seulement était armée et encore, les uns avaient un fusil de chasse, d'autres une vieille carabine ou un pistolet à pierre ou un fusil de munition volé ; les Beni-Slyem et les Flisset-el-Bar avaient leurs longs fusils qui datent du 17e siècle. Beaucoup n'avaient que peu ou point de munitions. Tel possédait un fusil, n'avait pas de poudre ; tel autre avait de la poudre, mais les balles manquaient: la masse n'avait pour armes que leurs flissas et leurs bâtons ».

Il était évidemment difficile, avec un tel armement, de tenter un assaut sérieux. Dellys eut le temps de s'organiser et de recevoir des renforts. Mais il est évident que les insurgés durent s'organiser aussi et recevoir armes et munitions : nos colonnes purent hélas s'en apercevoir.

n'avaient été maintenus et surveillés par l'autorité ».

Pourtant les indigènes étaient employés sans rétribution aux corvées de toutes sortes (1). Les initiatives individuelles firent ce que les édiles avaient refusé de faire en faveur de ces gens et l'autorité militaire transporta dans la Mitidja les indigènes valides désireux de travailler.

Le 12 mai, les marins de l'Armide font une sortie sans rencontrer personne. Dali Ahmed, caïd des Issers Djediane, vint ce jour-là se mettre à notre disposition. Afin d'éprouver sa fidélité le général Hanoteau l'envoya le 14 détruire les villages habités de Ben-Arkao et de Ouled-Keddach.

Le 13 mai le capitaine Huler, avec des cavaliers, sort de la place en direction des Ouled Sabeur, Ouled Madjoub, Ben Amara. Il est attaqué à 6 kilomètres, mais peut néanmoins détruire les villages indiqués et rentrer.

Le 15 mai, à quatre heures du matin, le général Hanoteau envoyait une petite colonne de trois cents hommes, avec une réserve de 62 à la ferme Lafourcade, le tout sous les ordres du commandant Huot, chef de génie, reconnaître dans le sud-est la position d'Azrou Naït Sabeur, signalée comme point de concentration. Elle y rencontre, en effet, six à sept cents rebelles, les écrase sous ses feux, incendie le village, et reprend le chemin de Dellys. L'ennemi a alors un retour offensif; il est repoussé et le village de Braret est détruit par nos troupes.

Nous avions perdu un marin (2) et ramenions 10 blessés. De son côté l'ennemi avait 62 hommes hors de combat dont l'un de ses chefs Mohamed ben Ahmed ben Mahieddine, neveu du vieil El Hadj Aomar, et plusieurs notables.

Le 17 le chef du génie avec 400 hommes détruit les villages des Ouled Madjoub et de Boukemach.

Pendant ce temps, les communications Tizi-Ouzou-Dellys par la vallée du Sébaou étaient rétablies. Une colonne avec le général Lallemand quittait Tizi-Ouzou le 15 pour se rendre à Dellys par cette voie. Le 16 au matin, le général qui suivait la route du Sébaou fait brusquement un à-droite avec une partie de la

---

(1) Ceci, d'après M. Rinn ; toutefois un rapport militaire du 23 mai signé du chef de bataillon commandant le génie indique que les indigènes touchent des gratifications journalières pour les travaux qu'on fait exécuter.

(2) M. Cujus Georges-Joseph, inhumé au cimetière de Dellys dans une concession perpétuelle (Conseil municipal, 30 mai 1872).

colonne tandis que l'autre continue sur Dellys ; il escalade les pentes de Taourga, résidence des Mahieddine. La défense, servie par d'habiles retranchements et une disposition naturelle des lieux, est tenace. Mais les zouaves et les tirailleurs du colonel Fourchault emportent Bou-Abachou, Taourga-Afir et Taourga-el-Guecea. L'ennemi, rejeté dans les ravins boisés, laisse le terrain jonché de morts.

Dans la soirée, la brigade du colonel Faussemagne, constituée par le 21ᵉ chasseurs à pied et par le 4ᵉ zouaves, poursuit l'ennemi jusqu'au ravin de l'Oued Oubay. Cette affaire nous coûte 5 tués et 8 blessés ; l'ennemi laisse plus de 200 cadavres sur le terrain ; un fils d'El Hadj Aomar, Ismail, et un fils du caïd Lounis, Rabia el Kahla (1), sont parmi les morts.

Le 17 mai le génie détruit les maisons de Mahieddine, près de Bou-Habachou. Le 18 la colonne reprend sa marche entre l'oued Oubay et l'oued Brika. Partie de Bab-Ezagène, elle rencontra au delà d'Aïn-el-Arba, sur la limite actuelle des Beni-Ouaguenoun et des Beni-Slyem, des contingents rebelles évalués à 5.000 hommes. L'artillerie, un bataillon du 4ᵉ zouaves, deux compagnies du 80ᵉ, des chasseurs d'Afrique et des spahis, sous les ordres du colonel Faussemagne, les rejettent de ravins en ravins et détruisent six villages. Le soir la colonne Lallemand était à Dellys.

Le 20 mai le général reprend sa marche par l'oued Oubay, fait étape aux Salines dont les bâtiments ont été détruits par les Kabyles (2), gagne Aïn-el-Arba et parvient à Tifilcoul chez les Beni-Ouaguenoun. Il détache une reconnaissance sur sa gauche contre les Aït-Saïd. La résistance n'est pas sérieuse et les cavaliers rentrent au camp avec un important butin (vendu 13.000 francs et partagé entre la troupe et le Trésor).

Le 23, on passe à Souk-el-Ténin et un fort détachement se dirige sur le marché du Tléta que l'on enlève. Cette marche rapide, faite d'ailleurs avec ostentation, frappe l'ennemi et le décourage. Le 24, les Aït-Djemad, commune mixte d'Azeffoun, Beni-Ouaguenoun, Izeghfaouène, Iflissène et Aït-Flick, faisaient leur soumission et fournissaient des otages.

M. Rinn, dans l'ouvrage où nous avons largement puisé, indi-

---

(1) Le coloinel Robin donne sur la mort de ce dernier une version particulière. Cet indigène aurait été tué par méprise.

(2) L'usine de la Saline appartenait à MM. Arnaud et Alcay. Les dommages causés par l'insurrection furent évalués à 30.599 francs en 1872 par le service du génie.

que que les insurgés en étaient arrivés à maudire leurs chefs, qui les avaient trompés. Des chansons kabyles tournèrent même en ridicule Boumezrag et ses principaux lieutenants, tandis qu'elles célébraient les mérites des Lallemand, Saussier, Cérez et autres chefs français.

Le 25 mai le général Lallemand rejoignait la vallée du Haut-Sébaou et campait en vue de Tamda. Le 27 mai il ruinait Djemaâ-Saharidj et le 29 rentrait à Tizi-Ouzou.

On sait que la révolte ne prit fin que le 20 janvier 1872 par l'arrestation de Boumezrag à Ouargla, à 450 kilomètres de son point de départ. Le 17 janvier on s'était battu plus loin encore, à Aïn-Taïba, à 640 kilomètres au sud de la Medjana.

Les sanctions ne s'étaient pas fait si longtemps attendre. La subdivision de Dellys fut frappée d'une contribution de guerre de dix millions, répartie entre les tribus, à raison de 70 fr. par fusil pour celles qui ne s'étaient pas fait remarquer de façon particulière, de 140 francs pour celles qui avaient pris une part prépondérante à l'insurrection, et de 210 francs pour celles qui s'étaient montrées les plus hostiles.

Quant aux sanctions judiciaires, elles ont été naturellement fort difficiles à prendre. Certains rôles n'ont jamais été bien établis, tel celui de Si Mohamed ben Ali Chériff. Boumezrag fut condamné à mort ; sa peine fut ensuite commuée et il fut envoyé à la Nouvelle Calédonie. Le caïd Ali fut condamné à la déportation à la Nouvelle Calédonie ; il fut ultérieurement gracié pour sa belle conduite lors d'une insurrection locale. Il est revenu dans les Amraoua.

Pour l'affaire de Ben N'Choud, il y eut le 1er juin 1872, trois condamnations aux travaux forcés à perpétuité et quatre aux travaux forcés à temps. Pour l'affaire de Bou-Médas, furent prononcées une condamnation à mort, deux aux travaux forcés à perpétuité, six à la prison.

Enfin, d'immenses terrains furent mis sous sequestre, avec cette atténuation que les anciens propriétaires pourraient les mettre en valeur comme locataires de l'Etat, moyennant une redevance fixe.

Une sous-commission locale présidée par M. Villacroze fut chargée d'établir le compte des réparations dûes aux victimes de l'insurrection. Mission bien délicate si l'on en juge par ce que rapporte le Président.... « les demandes en réparations s'élevèrent à douze millions; deux furent distribués et je suis parfaitement convaincu que les sinistrés ont été amplement dédommagés ». (20 ans en Algérie, p. 343).

»o«

L'apaisement est venu (1). Les évènements tragiques de ces dernières années pouvaient nous susciter des difficultés dans le milieu kabyle. Il n'en a rien été. Nous devons reconnaître le loyalisme de nos sujets musulmans, les remercier du concours qu'ils nous ont prêté, et nous incliner devant les sacrifices sanglants qui les ont frappés.

La population de Dellys est restée profondément calme, L'on ne peut même songer sans regret aux mesures hâtives du commandement local dès les premiers jours d'août 1914. Aux yeux des indigènes les dispositions prises, prises avec ostentation, procédaient de la suspicion ou de la peur. Elles reposaient peut-être sur les règles d'une légitime prudence, elles auraient gagné toutefois à être appliquées de façon plus discrète.

La population indigène est restée calme. Et pourtant nos adversaires sont venus nous provoquer ici sans que nous ayons pu leur infliger la leçon méritée. Européens et Indigènes ont assisté plusieurs fois du haut de la falaise à la destruction, à quelques encablures du rivage, de bateaux de commerce par les pirates de la mer. Spectacle peu banal en vérité : l'affront à la France, à la civilisation s'étalait là dans tout son cynisme. Et sous des regards scrutateurs, peut-être bien ironiques, le Français devait rester impassible et affirmer bien haut la certitude du châtiment.

Nos moyens de défense locaux n'étaient cependant pas faits pour inspirer confiance à l'esprit simple de nos sujets musulmans : une batterie de campagne au phare Bengut, une batterie de campagne au fond de la baie. Des batteries de campagne pour tirer sur des sous-marins armés du 120 à tir rapide ! Ces pauvres batteries, elles ont tiré quelquefois ; ce fut piteux. Il eût peut-être mieux valu s'abstenir car on étalait nos insuffisances et l'on s'exposait à des représailles dont l'effet moral eût été mauvais.

---

(1) Il est cependant assez curieux de constater que l'esprit de particularité propre à la Kabylie semble subsister et vouloir prendre forme administrative : en mai 1885, en effet, des vœux de conseils municipaux, de Tizi-Ouzou, entre autres, sont émis en faveur de la création d'un département du Djurdjura.

La population indigène est restée calme, et pourtant le canon du pirate n'a jamais tonné si souvent sur nos rives qu'aux plus mauvais jours de Verdun. Intimidation ? peut-être. Les Allemands ont fréquenté spécialement nos parages. Le phare Bengut était-il pour le marin un point plus facile à relever que d'autres ? Ou les anfractuosités de la côte se prêtaient-elles aux embuscades, ou aux ravitaillements ?

Les menées allemandes purent nous infliger des pertes sensibles ; elles n'eurent pas l'effet moral que le Germain en attendait. Le Kabyle, une fois de plus peut-être, se serait dressé contre nous s'il avait eu faim ou s'il avait pressenti notre défaite. La politique des allocations et des hauts salaires lui fournit plus d'argent qu'il n'en eut jamais ; quant à l'issue de la guerre..... les échos de la lutte mondiale gigantesque ont toujours dominé les bruits régionaux. Le permissionnaire apportait au pays le récit de ses visions fantastiques, et disait la puissance de la France. Hydravions et dirigeables dans le ciel kabyle en attestaient le génie irrésistible.

CHAPITRE II

§ 1er. — CONFIGURATION DU SOL

Dellys est situé par 36° 55' 28" de latitude nord et 1° 35' de longitude est du méridien de Paris.

L'horizon sud et sud-ouest est borné à une vingtaine de kilomètres par les hauteurs faisant partie de la chaîne du littoral de la Kabylie. Les points culminants, le Djebel Tamerabeth (Aïn-el-Arba), 870 mètres, et le groupe de Taourga, 527 mètres, masquent les cimes imposantes du Djurdjura. Le sol descend en gradins vers le Sébaou à l'ouest, vers la mer au nord. Des contreforts de direction nord-est soutiennent des massifs broussailleux ou boisés de chênes-lièges rabougris dans les Beni-Slyem et les Beni-Ouaguenoun et ferment l'horizon à quelque 15 kilomètres à l'est.

A l'ouest du Sébaou le pays est accidenté. Le Djebel Bouberak, 595 mètres, domine l'embouchure et émet sur Dellys un prolongement, Sidi Meskour, 371 mètres, boisé de pins sur une assez grande partie (Forêt de Bou-Arbi). La ville est bâtie sur le versant sud-est de ce prolongement, face aux mamelons qui descendent de Taourga. Le plateau dit des Jardins, de quinze cents mètres de largeur au maximum est resserré entre Sidi-Meskour et la mer à une altitude de cinquante mètres.

Le voyageur arrivant à Dellys par chemin de fer se montre étonné de la configuration du sol, de la côte en particulier. Dans les coupures de la voie ferrée, la roche apparaît en tranches verticales d'égale épaisseur, quelque dix centimètres, alternées, friables et compactes sur toute la hauteur. Ces tranches se continuent à la mer en des alignements impeccables, donnant l'impression de travaux d'homme ; côté terre des alignements semblables, visibles par les affleurements, escaladent les hauteurs d'El-Assouaf pour se diriger vers Touabet. L'âge de ce redressement colossal est incertain. Peut-être se rapproche-t-il de celui qui vit l'émersion des Baléares et le bouleversement du pays des Atlantes. Est-il dû à un volcan aujourd'hui immergé ? Question difficile à résoudre.

Les roches sédimentaires sont représentées :

1° Par les alluvions récentes du Sébaou.

2° Par les grès et les marnes de Dellys, puissante assise de grès micacés alternant avec des marnes feuilletées brunes.

Les bancs de grès sont friables, plus ou moins grossiers et passent à la base aux poudingues.

3° Par des marnes et calcaires marneux (sénonien). Les roches éruptives grises et verdâtres et des basaltes se rencontrent le long de la côte. Les roches basaltiques sont antérieures à la roche verte. Elles sont, les unes très xéolitiques (1); les autres d'apparence ou compacte et noire, ou au contraire hétérogène simulant une boue grisâtre solidifiée avec des incrustations de cristaux pyroxéniques (2).

Ces bandes seraient de la première époque miocène (époque tertiaire).

Les carrières de Touabet (3) sont en terrain helvétien et on admet qu'elles sont sorties vers le début de l'époque sahélienne (miocène, milieu de l'époque tertiaire) (4).

Les terres de culture sont fortement argileuses (5) elles cre-

---

(1) Silicates hydrates renfermant soit des alcalis et de la chaux, soit de l'alumine, soit du péroxyde de fer. z

(2) A base calcaire magnésie, calcaire fer.

(3) Les pierres du Touabet ont été utilisées pour exécuter les cordons du parapet du Boulevard Pitolet à Alger.

(4) Extrait de l'ouvrage de M. A. Pomet « Carte géologique de l'Algérie » et de la carte topographique et géologique de l'Etat-Major.

(5) Les argiles aux abords de la route de Tigzirt alimentent une petite briquetterie et tuilerie pour les besoins indigènes.

vassent aux chaleurs et rendent les labours d'été impossibles ; en hiver elles sont rapidement saturées d'eau et leur imperméabilité nuit à la constitution d'une réserve d'humidité dans le sous-sol.

§ 2. — CLIMATOLOGIE

Ce point de la côte jouit d'un climat tempéré qui devrait aider à en faire une station hivernale et estivale.

La température atteint rarement 33° en été, oscille entre 12° et 18° en hiver, la moyenne annuelle est d'environ 20° (minimum 2°, maximum 35° très rarement atteints). En hiver, 100 jours par an environ, les vents nord-ouest et ouest dominent et amènent généralement de la pluie. En été, pendant à peu près la même durée, ce sont les vents d'est et de nord-est. Les vents du sud-ouest et du sud donnent les températures maxima de courte durée.

Les relevés portant sur une période de 10 ans (1878-1888) effectués par M. le pharmacien aide-major Cuminet donnent 900 m/m d'eau tombée annuellement (on relève 3 à 400 m/m sur les Hauts-Plateaux (1). Les pluies sont torrentielles de novembre à mars ; elles ravinent les cultures et provoquent des dégâts fréquents sur la voie ferrée et les routes.

Les chutes de neige sont exceptionnelles. Il en est tombé 10 centimètres le 7 janvier 1891 (le thermomètre marquait d'ailleurs —25 à Paris) et quelque peu depuis à des intervalles espacés.

Le climat est remarquable par l'élévation du degré hygrométrique.

L'état sanitaire fut toujours excellent., Les épidémies n'ont fait jamais que de brèves et inoffensives apparitions. Une parenthèse s'impose toutefois pour noter le choléra d'octobre 1854. Il y eut à ce moment un centre d'isolement pour les malades, la manutention actuelle, et un cimetière spécial non loin des portes de la Kabylie.

---

(1) M. Thévenet donne plus récemment 894 m/m à Dellys, 766 à Alger, de 50 à 200 dans le Sahara.

§ 3. — LA POPULATION

I. — *L'élément Indigène :*

Les indigènes sont 2.500 environ groupés au chef-lieu de canton. Le résumé d'histoire qui précède suffit pour montrer la difficulté d'assigner une origine bien déterminée à cette population. Il serait difficile, je crois, de discerner ici les traits originaux d'une race à qui serait réservé un avenir glorieux.

Au point de vue religieux, M. Rinn (Marabouts et Khouans) indique qu'en 1884 se rencontraient dans la région des Quadrya (ordre religieux fondé en 1165, 561 de l'Hégire par Abd-el-Kader el Djilani) et des Snoussya (ordre religieux fondé en 1835, 1250 de l'Hégire par Si Mohamed Ben Ali ben Essnoussi).

On peut affirmer aujourd'hui que la population de Dellys est totalement étrangère à ces ordres, et que l'influence politique des Kouans de passage est à peu près nulle.

En 1871, la campagne kabyle a été travaillée par les Rahmania (Ordre créé en 1793, 1208 de l'Hégire par Mohamed ben Abd-el-Rahman es Saheli ; chef-lieu régional de l'ordre Seddouk, lieux de sépulture Aït-Smaïl, Dra-el-Mizan et Hamma-Alger). Depuis, l'influence de cet ordre a bien diminuée. La petite Zaouïa de Tizerouine n'exerce qu'une bien faible action ; son marabout actuel Si Mohamed Taïeb, n'est d'ailleurs pas suspect à l'autorité française.

D'une façon générale, la législation récente, la loi de 1919 notamment, imprudemment démagogique, a laissé ici l'indigène indifférent. Le temps, la vie en commun sous l'égide d'une administration strictement impartiale, la diffusion d'un enseignement convenablement adapté, feront davantage pour le rapprochement des races (1).

On compte aujourd'hui à Dellys plusieurs vieilles familles indigènes dont les membres occupent tous des situations dans le milieu social français. Nous avons déjà parlé d'un notable, Mouloud qui en 1844 fut nommé caïd. Il peut être intéressant de mettre sous les yeux du lecteur, la descendance de cet indigène. Nous la résumons ci-dessous :

---

(1) Plusieurs romans de vulgarisation des mœurs kabyles à Dellys sont à lire: « **France Nouvelle** », « **Bayia** », « **Au pied des Monts éternels** » de M. Fedinand Duchêne, ancien juge de Paix à Dellys, président de chambre à Alger, lauréat du prix de littérature d'Algérie 1922. « **Zinède** », par M. Bernard, d'Ameur-el-Aïn, 1913. « **Vingt ans en Algérie** », par M. Villacroze (1875).

Caïd Mouloud, nommé en 1844. Père de Allalou, naturalisé français en 1874, ancien spahi, caïd des Beni-Thour pendant 18 ans, décédé en 1914 et de Mohamed, garde-champêtre des Beni-Ouaguenoun. Grand-père de : Ahmed, décédé ; Ali, interprète judiciaire ; Mahfoud, employé à l'Ecole Professionnelle (son fils S'Mail lui a succédé) ; Bâziz, naturalisé français en 1886 aoûn (son fils Abdelaziz, engagé volontaire en 1914) ; Mouloud, douanier ; Hassen, mort pour la France, et Khellil, officier de tirailleurs.

De tels exemples font plus que beaux discours. Ce que l'on peut regretter, c'est la disparition de toute érudition, de tout savoir, même de tout désir d'apprendre. A quelques exceptions près la culture intellectuelle, philosophique, scientifique ou historique est nulle (1). Les petits indigènes vont cependant à l'école arabe-française, en assez grand nombre même. On en compte actuellement plus de deux cents.

La plupart des citadins parlent le français et participent à la vie publique mêlés aux européens. La commémoration des morts de la grande guerre a lieu sans distinction de races et de religions.

Seul le milieu féminin reste fermé.

»o«

Les édifices du culte ou les lieux de pélerinage et de recueillement sont fort modestes à Dellys.

Au cimetière immense qui couvre les flancs du cap nord-est s'élève la Kouba de Sidi-Brahim et plus loin la djemâa de Sidi-Abdallah. Près de l'Ecole professionnelle en bordure de la route, Sidi-Zaid était jadis au centre d'un quartier arabe très peuplé.

Dans le bas de la ville indigène, à la mosquée Sidi-Harfi se défère le serment. Dans la grande rue, Sidi-Ammar est école et mosquée ; dans le haut près de la prison, c'est Sidi-Mansour.

---

(1) Nous ne saurions toutefois oublier : Hadj Kara, muphti de Dellys en 1855 à qui est dû une histoire de **« L'Homme à l'Ane »** (insurrection kabyle 1855-1856). Revue africaine Tome I., page 43).

Si Mohamed Arezki, ancien muphti de Dellys, nommé il y a quelques années muphti à la grande mosquée d'Alger (rite Malékite). Décédé en 1924.

Le personnel attaché à la Justice de Paix compte depuis quelque temps, plusieurs indigènes dont la culture générale française dépasse la moyenne.

A trois cents mètres de la porte des Jardins existe un olivier abritant quelques tombes. C'est Sidi-Moussa, sépulture d'un savant arabe qui vint mourir à Dellys après de longues études faites en Andalousie ; il avait été iman à la grande mosquée d'Alger. Sidi-Moussa est lieu de marché hebdomadaire. Le mardi, sous l'immense parasol que forment des branches basses centenaires, le sang des moutons immolés coule à flots ; puis les misérables dépouilles attendant l'acheteur, se balanceront aux potences improvisées devant les regards avides des mesquines affamés. Les mouches, plus heureuses, plusieurs jours durant, s'affaireront sur les taches brunes du sol.... Le vendredi le spectacle change : l'arbre marabout accepte les visites pieuses et avec les confidences des femmes reçoit des ex-veto.

La mosquée principale dont nous parlerons plus loin, est au centre de l'agglomération, en bordure de la grande rue, en face de l'Hôpital.

»o«

La commune de plein exercice de Dellys comporte deux douars : le douar Beni-Thour et le douar Beni-Slyem ; le canton judiciaire de Dellys en comporte neuf : Beni-Thour, Beni-Slyem, Beni-Ouaguenoun, Sidi-Naman, Taourga, Makouda, Bouberak, El-Djedian et Iflissen (distrait du canton judiciaire de Port-Gueydon. D. 24-10-24). Nous dirons quelques mots de ces groupements indigènes.

Beni-Thour, ancienne tribu du même nom. Superficie, 4.038 hectares. Constituée en douar-commune par décret du 30 octobre 1867 et rattachée à la commune de plein exercice et au canton judiciaire de Dellys.

Population : 5.400 indigènes environ.

Le douar-commune se compose des fractions de Badchia, Azrou, Ben Ameur, Ben-Amara, Ben-Atchaou, Ben-Hamza, Ben N'Choud, Bou-Afia, Bou Kemache, Braret, Cherarda, Cherguia, Chegga, Cherraba, Dar Rabah, Mechta-Allal, Mechta-Charef, Mezoudj, Ouled Hamida, Ouled Keddache, Ouled Madjoud, Ouled Sabeur, Takdempt, Tizerouine, Touabet, Azib Hattab ; Mahakma Malekite (1).

(1) Rite orthodoxe spécial à l'Afrique du Nord, issu de l'iman médinois Malek-Iba-Anas (M. 795).

Beni-Slyem, ancienne tribu du même nom. Superficie, 5.338 hectares. Constituée en douar-commune par arrêté gouvernemental du 15 février 1891 et rattachée à la commune de plein exercice et au canton judiciaire de Dellys.

Population : 2.900 indigènes et quelques français.

Ce douar-commune se compose des fractions de Abada, Afir, Azib Kouafa, Bou Mati, Chaïna, El-Behabil, Elma ou Amane, Fedj-Bane, Kennour, Mechachka, Ouled ou Ramdane, Ouled-ou-lel-Hizan, Rebaï, Tadjnout, Tadount, Tala-Aiache, Tala-Arous, Tessira, Toum-Djadj ; Zaouia Rite Malekite.

Beni-Ouaguenoun, ancienne tribu. Constituée en un seul douar-commune par arrêté gouvernemental du 17 avril 1893 et rattachée à la commune mixte de Mizrana (Tigzirt) et au canton judiciaire de Dellys. Superficie, 6.629 hectares.

Population : 3.500 indigènes environ et quelques français.

Mahakma Ibadite d'Alger (1).

Sidi-Naman, territoire de l'ancienne tribu des Amraoua. Superficie, 4.987 hectares. Constitué en douar-commune par décret du 7 avril 1869. Une partie de ce douar a été distraite pour agrandissement du centre de Rébeval. Le surplus, 4.773 hectares est rattaché à la commune mixte de Mizrana et au canton judiciaire de Dellys.

Population : 3.700 indigènes environ et quelques européens.

Mahakma Ibadite d'Alger.

Taourga, territoire de l'ancienne tribu du même nom. Superficie, 3.537 hectares. Constitué en douar-commune par décret du 23 septembre 1867, et rattaché à la commune de plein exercice de Rébeval et au canton judiciaire de Dellys.

Population : 2.300 indigènes et 10 Français environ.

Makouda, territoire de l'ancienne tribu des Makouda. Supercie, 3.820 hectares. Constitué en douar-commune par arrêté gouvernemental du 17 avril 1893. Rattaché à la commune mixte de Mizrana, canton judiciaire de Dellys.

Population : 6.200 indigènes environ.

Bouberak, territoire de l'ancienne tribu des Issers-el-Djedian. Superficie, 2.414 hectares. Constitué en douar-commune par décret du 27 octobre 1866. Rattaché à la commune de plein exer-

---

(1) Secte dissidente fondée par les anciens partisans d'Ali, gendre du prophète.

cice de Abbo et au canton judiciaire de Dellys.

El Djedîan, territoire de l'ancienne tribu des Issers-el-Djedian. Superficie 2.220 hectares. Constitué en douar-commune par décret du 27 octobre 1866. Rattaché à la commune de plein exercice de Abbo et au canton judiciaire de Dellys.

Population : 1.200 indigènes environ.

II. — *L'élément Européen.*

Au moment de l'occupation et immédiatement après on trouve comme population européenne, des Maltais, des Espagnols et des Italiens, pêcheurs et jardiniers. Espagnols et Italiens sont devenus rares, de même que les Juifs d'abord fort nombreux. (Il existait en 1885 encore, une école israélite).

La population française fut constituée par les fonctionnaires, puis par les colons et les commerçants venus à partir de 1845, notamment en 1848 et 1852, enfin par les étrangers qui ont bénéficié de la naturalisation. En 1871, des familles alsaciennes et lorraines sont appelées à bénéficier des lois des 21 juin et 15 septembre sur les concessions et l'immigration. En 1875, des Niçois, avec M. Abbo, maire de Castellar, fondent Bois-Sacré ou Abbo ; en 1885 des méridionaux fondent Takdempt.

Mais il n'est un secret pour personne qu'aussi bien dans nos régions qu'ailleurs les résultats sous le rapport du peuplement sont plus que médiocres. Les nouveaux venus n'ont-ils pas les aptitudes voulues ? Se leurent-ils sur la puissance de leurs ressources ? La surface des concessions est-elle suffisante ; la concession est-elle habitable ou à proximité de lieux habitables? Les nouveaux venus connaissent-ils et comprennent-ils le milieu indigène auprès duquel ils doivent trouver des auxiliaires? Autant de questions qui nécessiteraient pour répondre une étude complète, déplacée ici. Notons tristement : Tnin a à peu près disparu, Ouled Keddach avait 18 maisons en 1873, 31 en 1878 ; il n'en existe plus en 1921.

Takdempt végète lamentablement.

La Zaouia des Beni-Slyem créée en 1873 par douze feux, a totalement disparu aujourd'hui.

En 1896, Dellys comptait 1.262 européens, dont 600 Français et 12.520 indigènes. Le recensement de 1926 accuse 1.011 européens (1) et 15.411 indigènes. Si l'on note qu'entre les deux recensements la circonscription territoriale a été réduite,

(1) Il y a 225 électeurs inscrits.

il en résulte que le nombre des européens décroît et celui des indigènes croît.

Et, comme partout, les indigènes rachètent les propriétés françaises.

»o«

La criminalité dans la région reste certainement au-dessous de la moyenne générale.

Les plus vieux habitants se rappellent encore les exploits de Amar ben Amar dit Cartouche. Ce peu recommandable individu fut enfin tué par un indigène dans un ravin près du marabout de Sidi-Moussa (1860). Le vainqueur du bandit, Djebrouni, craignant des représailles de la part de la famille du défunt, laissa un de ses coreligionnaires, Barami Mohamed , se parer du mérite de l'action.

Plus récemment la bande de Mansour fit quelque peu parler d'elle dans les Beni-Slyem. Mansour fut cerné et tué par la troupe le 15 mai 1874. Le bandit avait cependant eu le temps de tuer l'un des nôtres : M. L. Dusseaux, soldat au 107ᵉ d'Infanterie (inhumé au cimetière de Dellys), et d'en blesser un autre. Ses quatre complices furent pris quelques mois plus tard.

Pendant la grande guerre on signala les agissements de bandes armées dans les environs de Rébeval et de Camp-du-Maréchal, agissements rapidement réprimés par la troupe.

Mais, il faut le répéter, ce sont des faits isolés desquels on ne peut tirer nulle conclusion tendancieuse. L'européen et l'indigène jouissent d'une pleine sécurité à Dellys.

»o«

Nous l'avons déjà montré : notre peuplement ici et ailleurs, n'arrive pas à équilibrer la densité des races indigènes. A Dellys, comme dans la plupart des centres, le nombre des feux n'est pas en rapport avec l'importance des services obligatoires de la vie municipale. En fait la situation financière de la ville fut longtemps peu brillante ; elle semble s'améliorer depuis deux ou trois ans. Le budget actuel, ordinaire et additionnel, se chiffre par 343.000 francs de recettes et de dépenses.

Une part importante des revenus communaux est constituée par la répartition des produits de l'octroi de mer (35 à 40.000 fr.) (1), des amendes et condamnations, et par des subventions à différents titres, quand les élus sont assez heureux pour les obtenir. Rébeval a un marché hebdomadaire qui rapporte gros. Dellys en aurait bien voulu un. Mais peut-être s'y est-on pris trop tard. Peut-être aussi serait-il rationnel de ne pas réserver exclusivement à la commune siège du marché les profits que celui-ci procure et qui ont leurs sources dans les collectivités limitrophes.

Les chapitres de recettes n'abondent pas ; il n'en est pas de même des chapitres de dépenses. On paie cher le droit d'être chef-lieu de canton (2) !. Et les frais d'hospitalisation bouleversent au dernier moment, un équilibre péniblement obtenu.

§ 4. — ADMINISTRATION

Administration civile : Le centre européen de Dellys a été créé par le Maréchal Bugeaud (arrêté du 2 mars 1845). Neuf ans après était créé Ben N'Choud.

Le décret du 31 décembre 1856 a créé la commune de Dellys et fixé la composition du conseil municipal : un maire, deux adjoints, dont un à Ben N'Choud (3), neuf conseillers municipaux dont 6 français, 1 étranger, 2 indigènes musulmans. Transitoirement le commissaire civil est chargé des fonctions de maire.

Des décisions du 16 août 1859 fixent les limites de la commune de Dellys (sur la mer, de l'Oued Sébaou à l'Oued Oubay) et englobent les territoires des Beni-Thour et des Taourga.

Le nouveau centre fait alors partie de l'arrondissement d'Alger.

Dellys était d'autre part, chef-lieu d'une subdivision mili-

(1) En application de lois récentes et du fait du dernier recensement ces chiffres vont être sensiblement augmentés.

(2) Le traitement obligatoire de certains fonctionnaires, pourtant chargés d'un service d'Etat, est une anomalie et surtout une charge écrasante pour un petit budget communal.

(3) Cet emploi d'adjoint est supprimé par la décision du 1er - 22 avril 1865 qui a créé la section annexe de Ben N'Choud, Rébeval, Tnin, avec un adjoint en résidence dans la section.

Création de Rébeval, 4 juin 1860. Nom d'un officier du 54e de ligne : Boyer de Rébeval, tué à Imanseren près Fort-Napoléon, le 24 mai 1857.

taire comprenant les places de Tizi-Ouzou (1), Fort-Napoléon, Dra-el-Mizan (2).

Les décrets et arrêtés dès 9 et 20 mai 1868 divisent le territoire militaire de la subdivision en communes mixtes (Dra-el-Mizan, Tizi-Ouzou et Fort-Napoléon), et en communes subdivisionnaires (Dellys, Tizi-Ouzou et Dra-el-Mizan).

Le centre de Bordj-Ménaïel constitue une section de Dellys (décret du 27 janvier 1869), puis en est distrait (18 novembre 1870).

L'arrêté du 6 février 1872, crée la circonscription cantonale de Dellys, administrée par un commissaire civil. La suppression du bureau arabe est prononcée à ce moment.

L'arrêté du 9 février 1872 groupe six circonscriptions cantonales (Dellys, les Issers, Dra-el-Mizan, Tizi-Ouzou, Mekla et Fort-National) en un arrondissement cercle de Tizi-Ouzou. Tou-

---

(1) Tizi-Ouzou, centre créé le 27 octobre 1858.

(2) Dra-el-izan, centre créé le 30 décembre 1858.

Liste des Commissaires civils et des Maires :

4 juillet 1857, J.-B. Costallat, conseiller, secrétaire général de la Préfecture, Cayrol Michel et Lafitte adjoints, Kengel, Palletier, Archer, Duvert, Fiore, Cohen, Mouloud ben el Hadj Allal, caïd.

1860 Jouffret, com. civil ; Ollivier et Lafitte, adjoints.

1863 Boé, com. civil ; Ollivier et Lafitte adjoints ; puis Ollivier et Leroux.

1867 Testut, com. civil ; Ollivier et Leroux, adjoints.

1868 Le Génissel, com. civil ; Ollivier et Leroux, adjoints puis Ollivier, Bonnefois et Poncet.

1870 Franscheschi, maire ; Collin et Revol, adjoints.

1872 Cachin, maire ; Marchand et Bonnefois, adjoints.

1874 Isnard Jean, maire ; Collin et Bouchet, adjoints.

1881 Cayrol M.-A., maire ; Germain, Tourel, Maury, adjoints.

1883 Ollivier Alfred, maire ; Germain et Tourel, adjoints.

1884 Cayrol, maire ; Germain et Roussot, adjoints.

1885 Germain, maire ; Ollivier et Roussot, adjoints.

1887 Cayrol (a), maire ; Germain et Rousseau, adjoints, puis Pons et Tourel.

1892 Bouché (b), maire ; Katz William et Audra, adjoints.

1893 Katz William, maire ; Audra et Bernasconi, adjoints.

1898 Bernasconi A., (c), maire ; Orlandi et Sammut P., adjoints.

1919 Orlandi Ch. (d), maire ; Sammut P. et Puchouau, adjoints.

1921 Sammut P. maire ; Martinelli E. et Baille, adjoints.

1925 Sammut P., maire ; Viou-Loisel et Baille, adjoints.

Liste des Conseillers généraux :

MM. Francheschi ; 1881, Bourlier ; 1889, Cayrol ; 1892, Jouyne; 1895, Meslier ; 1899, Gueirouard ; 1901, Vérola ; 1919, Lehalle et Smaïl Saïd ben Sliman ; 1923, Abbo.

Liste des délégués financiers :

Délégués colons : MM. Bouché, Granier, Abbo, Pélissié.

Délégués non-colons : MM. Vérola, Guastavino.

Délégués Kabyles : Aït Salem ; Smaïl Saïd ben Sliman.

tefois l'administration a Dellys pour résidence. Il y a à Tizi-Ouzou un chef administratif.

L'arrondissement cercle disparait par le décret du 11 septembre 1873 et est remplacé par l'arrondissement ordinaire dont le chef-lieu est fixé provisoirement à Dellys.

Ce chef-lieu fut transféré à Tizi-Ouzou à la fin de 1874 par mesure administrative, malgré le vœu unanime du Conseil municipal de Dellys, (23 juillet 1874). L'arrêté du 9 février 1872 avait eu pour effet de créer en faveur de Tizi-Ouzou, des courants contre lesquels il était inutile de réagir (lire Séance du Conseil général, du 27 octobre 1873). A Dellys, la sous-préfecture occupa l'Hôtel de la Subdivision, de janvier à décembre 1874. L'autorité militaire se refusa à céder ce bâtiment à l'administration civile ; ce refus précipita le départ des services administratifs qui ne trouvaient où se loger.

Le 15 décembre 1875 est constituée la commune mixte de Dellys, forme nouvelle de la circonscription cantonale. Le commissaire civil devient l'Administrateur.

En avril 1884, Rébeval est érigé en commune. Dellys reçoit en compensation le douar Beni-Slyem et le terriotire de colonisation de la Zaouia détachés de la commune mixte de Dellys.

En 1890, Tizi-Ouzou réclame le douar Makouda.

En 1902, le siège de la commune mixte est transféré à Tigzirt. Cette commune est désormais dénommée commune mixte de la Mizrana.

Une décision impériale du 3-21 mai 1865 a créé à Dellys, une Justice de Paix à compétence étendue ressortissant au Tribunal d'Alger. Elle fut rattachée au tribunal de Tizi-Ouzou après la création de ce dernier (10 mars 1873) ; des audiences foraines sont tenues une fois par semaine à Rébeval et à Tigzirt.

Dellys formait une circonscription topographique. Le géomètre attaché à la résidence fut supprimé en 1890.

La composition territoriale de la circonscription où Dellys se trouve incorporée varie avec le collège électoral intéressé.

1° Pour l'élection du conseiller général français, c'est la circonscription cantonale normale (arrêté du G.G. 28 mai 1910).

(a) M. Cayrol, conseiller général, mort le 8 février 1892 ; une plaque commémorative à la mairie, rend hommage à son souvenir.

(b) M. H. Bouché, avoué près la cour d'appel, délégué financier, mort en janvier 1909.

(c) M. Bernasconi A., mort en 1925.

(d) M. Ch. Orlandi, entrepreneur, mort en 1921.

Dellys chef-lieu, Rébeval, Abbo, Mizrana mixte (12e circonscription, la plus petite des circonscriptions, 350 électeurs environ).

2° Pour l'élection du conseiller général indigène (application du décret du 6 février 1919 et arrêté du 27 novembre 1919). Tizi-Ouzou chef-lieu, Dellys, Mirabeau, Camp-du-Maréchal, Abbo, Rébeval, Mékla. Communes mixtes de Azeffoun, Mizrana et Haut-Sébaou.

3° Pour l'élection des délégués financiers (arrêté du G.G. du 31 octobre 1910, 8e circonscription) :

(a) Délégués colon et non-colon : Tizi-Ouzou chef-lieu, Dellys, Abbo, Rébeval, Camp-du-Maréchal, Isserville, Bordj-Menaïel, Haussonvillers, Palestro, Dra-el-Mizan, Tizi-Renif, Fort-National, Mékla, Mirabeau, Communes mixtes de Mizrana, Dra-el-Mizan, Palestro, Djurdjura, Haut-Sébaou, Fort-National, Azeffoun.

(b) Délégué kabyle, 4e circonscription : Tizi-Ouzou chef-lieu, Dellys, Abbo, Rébeval, Camp-du-Maréchal, Isserville, Bordj-Menaïel, Haussonvillers, Mirabeau, commune mixte de Mizrana.

Administration militaire : Dellys fut dès le début, chef-lieu de subdivision militaire. Plusieurs de ses chefs ont laissé un nom dans l'Histoire : Généraux Thomas, de Neveu (1), Hanoteau, Bressolle, Détrie, Gerbert, Ben-Daoud, Pothé, Louis-Auguste Gaday, mort à Dellys le 20 mai 1885.

La subdivision, dont le déplacement avait été envisagé en 1882, fut supprimée en 1893.

Les effectifs de la garnison, de 4 à 600 hommes avant 1914, furent constitués de régiments de ligne, de tirailleurs et de spahis. Un décret de 1913 assigne Dellys comme siège du dépôt du nouveau 5e tirailleurs. Mais cette mesure, qui pouvait avoir une répercussion heureuse sur la vie de la cité, ne fut jamais exécutée. La garnison actuelle comprend deux compagnies du 5e tirailleurs (dépôt à Maison-Carrée). Un centre de rééducation physique pour lequel a été aménagé un joli stand sur l'emplacement de l'ancien champ-de-manœuvres, fut créé en 1920 et supprimé en 1924.

La chefferie du génie fut jadis un centre d'activité. Nous noterons dans cet ouvrage, les principaux travaux qu'elle fut chargée d'exécuter à Dellys. Son champ d'action s'étendait de la limite du département de Constantine à la vallée de l'Isser et au sud jusqu'à Bou-Saâda ; il comprenait encore en 1895, les

(1) François Edmond de Neveu avait épousé une indigène, Bleita bent Abdallah, morte à Dellys le 29 mai 1865, et inhumée au cimetière musulman. M. de Neveu est l'auteur de communications intéressantes faites à la Société historique algérienne.

places de Tizi-Ouzou, Fort-National, Dra-el-Mizan. L'on cite comme travail remarquable pour ses conditions d'exécution, la route de Fort-Napoléon (ordonnée par le Maréchal Randon) étudiée par le général Chabaud-Latour et exécutée par les divisions Mac-Mahon, Yusuf et Renault. La chefferie fut supprimée en 1922.

Jusqu'en 1857 l'administration du territoire fut purement militaire. Les commandants de Place faisaient fonctions d'Officiers d'Etat-Civil (1).

§ 5. — LES TRAVAUX

En 1844 Dellys formait une agglomération de 200 maisons arabes environ, en pierres et mortier de terre, le tout d'un aspect misérable.

Si réellement Dellys fut dans l'antiquité ce que l'on suppose, et ce qu'on est en droit de supposer par les ruines encore visibles, l'on peut mesurer les effets d'une occupation de quinze siècles par des groupements inféodés à l'Islam. Pourtant la communauté musulmane primitive n'était pas exclusivement ascétique, mais le soufi n'a apporté que négation et abstention ; il a détruit et n'a pas reconstruit.

Les travaux admirables des Romains ont disparu ; seules subsistent, résultat de quinze siècles de vie, 200 maisons informes. Pas d'eau ; si, une fontaine dans le sud du village, une autre au milieu, mais polluée par les déjections environnantes. Ni mur d'enceinte, ni clôture.

Nos soldats et nos services arrivent ; il faut s'organiser, on va au plus pressé : des baraquements s'érigent un peu partout, on élève des forts provisoires pour se défendre contre des agressions possibles. On s'occupe ensuite de faire arriver l'eau d'une petite source de Sidi-Souzan.

De 1845 à 1856, on construit : le mur d'enceinte actuel (1856) (2). (Il en était prévu un en front de mer qui n'a jamais été

---

(1) **Liste des Commandants de Place faisant fonctions d'Officiers d'Etat-Civil :**

1844-45, MM. Th. Périgot, J. Mauro, J.-A. Fuguiron, Lamoth Vedel des Termes, Achardy ; 1846, Poujol ; 1847, Charmet, Léon de Princey ; 1848, J. Meffe, Marulaz ; 1849, J. Zerlant ; 1850-51, Fricot, J.-C. Boivin ; 1852, Ed. de Morgan, Cl. Bossan ; 1853, Menessier, Delort ; 1854-56, Battioni.

(2) Zone de servitude. D. 12-1-1923.

exécuté), le fortin de Sidi-Souzan à 200 mètres d'altitude ; la caserne d'infanterie ; l'hôtel de la subdivision ; le logement du commandant supérieur, le logement du chef de génie ; la Manutention; l'abattoir; les escaliers qui réunissent la ville haute à la Marine; le logement du Commandant de la place (actuellement propriété privée habitée par le Greffier de la Justice de Paix); la caserne des Douanes; le Bureau arabe; les écuries pour cavalerie; la caserne de gendarmerie (1851); le Blockaus du Sud-Est; l'Eglise; l'Hôpital; la Mosquée; le poste optique (1891) ;

Les alignements et le lotissement de Dellys furent approuvés par décision ministérielle du 14 septembre 1855. Ils ne sont pas encore terminés. Deux voies parallèles à la rue Victor-Hugo (grand'rue) avaient été prévues : l'une s'amorçant à la place de l'Eglise devait desservir la ville haute et finir au marabout de Sidi-Zaïd ; elle est restée à l'état de projet. L'autre passant devant le cercle militaire et l'Hôpital se dirigeait vers la pointe de Dellys. Elle fut exécutée jusqu'à l'Hôpital ; ceci explique l'orientation de ce bâtiment.

L'Eglise. — Jusqu'en 1856, les services religieux étaient célébrés dans un petit local loué 100 francs par mois par la ville. Le rez-de-chaussée était aménagé en Chapelle, l'étage servait de logement au desservant.

Les projets du bâtiment actuel furent établis par le service du génie en 1852-53. La construction exécutée par ce service fut achevée en 1856 et coûta environ 42.000 francs ; elle mesure 21 mètres 60 sur 8 mètres 20 et peut contenir à peu près 460 personnes.

L'Hôpital. — A leur arrivée à Dellys, les malades et les blessés du corps expéditionnaire furent soignés dans une mosquée qui occupait un emplacement un peu au-dessous de l'Hôpital actuel. Il est probable que plusieurs maisons ou fondouks furent affectés d'office au même usage avec promesse d'indemnités. Les indemnités furent liquidées par différents actes passés en mars et octobre 1845 pour une somme de 10.400 francs.

Jusqu'en 1847, tous les services restent installés de façon plutôt sommaire. A ce moment, le Génie entreprend la construction des bâtiments actuels. Depuis, de nombreuses transformations sont intervenues. Malgré cela, construit pour quatre-vingt-dix lits, on y serait à l'étroit avec les conceptions actuelles d'hygiène et de confort.

L'édifice est simple, sans style défini. On l'agrandit plusieurs fois, notamment en 1857 en se rendant acquéreur de lots bâtis au nord.

Une nappe souterraine à 10 ou 12 mètres fournissait l'eau pour les usages domestiques, à l'exclusion de l'alimentation. Le débit des cinq puits a considérablement diminué de nos jours. L'eau d'alimentation est assurée par la canalisation de l'Aïn-Kandok pour une consommation de 5 à 8 litres à la minute.

Les premiers médecins, de 1844 à 1847, furent MM. Macronique, Tabouret, Jourdeuil, Meurs, Beaucamp. En 1870-1871, MM. Beauregard, Couderc.

La Mosquée. — La Mosquée fut édifiée par le Génie pour remplacer celle que l'on réquisitionna pour recevoir les malades et les blessés en 1844. Sa construction coûta 25.000 francs environ. La remise en fut faite au cadi Hamed ben Mohamed le 1er mai 1847.

L'Eclairage. — En 1902 fut installé l'éclairage à l'acétylène. En 1914 on consommait 50 kilogs de carbure de calcium par jour.

L'installation mal entretenue devint inutilisable vers 1918 et l'on eut recours à des lampes en attendant la mise au point et les possibilités de réalisation de l'éclairage électrique. Le développement des Centrales d'Alger a permis d'envoyer le courant à grande distance ; c'est ainsi que Dellys est desservi depuis 1926 par une ligne établie par la Cie Lebon et se greffant à Camp-du-Maréchal sur le secteur dit de Maison-Carrée. C'est une grosse amélioration à l'actif de la Municipalité actuelle. (Prix du courant : 1 fr. 85 le kwh).

Les Eaux. — Les travaux en vue d'assurer à Dellys une alimentation en eau potable ont toujours été au premier plan des préoccupations municipales.

Actuellement deux sources principales captées approvisionnent la population ; elles sont toutes deux sur le versant nord des hauteurs de Sidi-Meskour.

Source d'El-Assouaf. — Le captage est à une altitude de 220 mètres environ. La source fut utilisée par les Romains, conduites et citernes en ruines en témoignent. En 1856, le Génie exécute une galerie de 36 mètres. En 1897, le débit est de 80 litres à la minute en hiver, 30 à 35 litres en été ; mais en août 1910 ce débit tombe à 3 litres ½. On ouvre alors une nouvelle galerie dans le lit du ravin de l'Oued-Ammouche et en janvier 1911, on peut recueillir 60 litres. En octobre 1911 de nouveaux travaux ont porté le débit à 100 litres, mais il ne s'est pas maintenu. Il était de 65 litres en mai 1912. La conduite se déverse dans un réservoir de 105 mètres cubes.

Source de l'Aïn Kandok. — Le captage est à une altitude de 65 mètres dans un ravin fort pittoresque (1).

Les premiers travaux datent de 1859-1860 et furent exécutés par la ville. En 1899 la galerie fut portée à 47 mètres. Le débit était de 30 litres à la minute en 1910. La conduite qui suit la route d'Alger se déverse dans un réservoir de 125 mètres cubes.

Autres sources et débits en 1910. — Source de Bou-Abbada 3 l, 5. Source de l'Aïn-Aguelou, 17 litres. Source de Sidi-Souzan, 3 lit. Au bord de la mer immédiatement au-dessous de la Porte des Jardins, Thala Oualdoun ou source d'Aldoun, nom propre d'individu ou substantif plomb, source fraîche, froide et par suite lourde à l'estomac comme du plomb.

En 1912, en présence de la diminution progressive du débit des sources, on songea à amener en ville les eaux du Sébaou, le projet se montait à cent dix mille francs. La situation financière communale et les événements ont fait abandonner cette étude.

A la suite d'hivers pluvieux, la situation s'est quelque peu améliorée ; elle reste cependant inquiétante. On vient à nouveau d'entreprendre des recherches à l'orée de la forêt de Bou-Arbi, sur le versant Est (1924).

L'Ecole Coloniale d'Apprentissage. — En 1871, il existait une école professionnelle kabyle à Fort-National. Dirigée par le capitaine du génie Damarey, elle fut organisée pour la résistance au moment de l'insurrection en avril 1871. Mais placés en dehors de l'enceinte de la place, insuffisamment protégés par l'artillerie, les bâtiments durent être évacués le 18 avril après une attaque des Kabyles qui s'empressèrent de tout piller et incendier.

(1) On trouve au Musée du Louvre un tableau dû au pinceau de M. Dumoulin qui rappelle ce joli coin.

On a vu qu'à cette époque Dellys était le centre administratif et militaire le plus important de la Kabylie. Lorsque la réédification de l'école professionnelle détruite fut envisagée, on songea naturellement à la placer à Dellys. Le conseil municipal fut appelé à en connaître. La question resta cependant en suspens assez longtemps, discutée en août et septembre 1875, puis en février 1877. Ce ne fut que le 31 mai 1877 qu'une délibération mit à la disposition de l'Etat le terrain nécessaire et promit une participation financière de 50.000 francs.

La construction du grand bâtiment central par le service des Ponts et Chaussées est de cette époque. Il s'élève sur les terrains de l'ancienne propriété Valière, non loin de la porte des Jardins. L'installation a subi depuis de nombreuses transformations. Elle constitue aujourd'hui un ensemble bien approprié à l'enseignement qui y est donné. Amphithéâtres et laboratoires, matériel d'enseignement, vastes ateliers avec outillage moderne, force motrice et éclairage électrique, salle de projections cinématographiques, poste de T.S.F., etc., assurent aux élèves, par trois années d'études, une culture générale et professionnelle identique à celle dispensée par les établissements similaires de la Métropole.

L'Ecole ouvrit en 1880 au titre européen avec 23 élèves. Par décret du 9 juillet 1883, elle fut placée sous l'autorité du Ministre du Commerce sous le nom d'Ecole Nationale d'apprentissage. Un décret du 12 août 1893 fixait à 60 internes l'effectif maximum. En 1900, à la suite des mesures administratives résultant de l'autonomie financière accordée à l'Algérie, l'Ecole devint Coloniale sous l'autorité exclusive du Gouverneur Général (Direction de l'Agriculture et du Commerce. D. 21 septembre 1900 et 22 octobre 1905. Arrêtés des 4 et 15 octobre 1906). Elle compte actuellement un effectif scolaire de 120 internes européens répartis en trois années. Le personnel enseignant comprend cinq professeurs et dix chefs d'ateliers et contremaîtres pour les principales spécialités (ajustage, forge, électricité, menuiserie, modelage, fonderie). Le personnel administratif compte : un directeur (1), un agent -comptable-économe, deux commis d'administration, 2 surveillants répétiteurs, et le personnel de service nécessaire. Le budget de l'établissement est de 500.000 francs. La plupart des élèves bénéficient de la remise

(1) Noms des Directeurs successifs :
MM. Augier, 1880 ; Lamouche, 1883 ; Lacour, 1893 ; Bajat, 1905 ; A. Visbecq, 1912.

des frais de pension et de trousseau, ce qui met la fréquentation de l'Ecole à la portée des familles les plus modestes. Le recrutement cependant s'effectue au concours ; le programme est celui du cours supérieur des écoles primaires.

Les débuts (période 1880-1885) avaient été plutôt pénibles : recrutement difficile, coût élevé, incidents d'ordre intérieur, etc. La municipalité, sentant l'œuvre menacée, prit l'initiative de créer un externat indigène. On pensait ainsi augmenter l'effectif scolaire et par suite diminuer le coût par tête.

Pour assurer le recrutement indigène, on alla jusqu'à allouer une indemnité journalière à chacun des élèves. En 1890, les communes mixtes et de plein exercice de Dellys allouaient 3,500 francs de subvention, le Ministère 11,000 francs pour aménagement. Par la suite les dépenses annuelles atteignirent 7,200 francs pour vingt et vingt-cinq élèves. Le succès de l'œuvre fut cependant loin de s'affirmer. La situation financière de la Commune se compliquant d'ailleurs, on en arriva à une motion de suppression pure et simple en juin 1895. L'externat finalement fut transformé en internat sous le nom de « Section spéciale indigène », dépendant exclusivement du Gouvernement général (Direction de l'Agriculture).

La section comprend 30 élèves internes en deux divisions. Le budget est alimenté par des subventions du Gouvernement général, du Conseil général d'Alger, des Territoires du Sud.

L'Ecole Coloniale d'Apprentissage est nécessairement pour Dellys une source de profits et de notoriété. Aussi la Municipalité, en différentes circonstances, n'a pas hésité à s'imposer de lourdes charges en subventionnant des projets d'agrandissement et d'amélioration.

Les écoles primaires. — Il y a à Dellys une école de garçons (école au titre indigène) comprenant quatre classes avec un effectif moyen de 200 élèves dont une vingtaine d'européens. La construction en voie d'agrandissement, date de 1885.

L'école des filles à trois classes est installée dans les locaux de l'ancienne commune mixte. L'effectif est de soixante environ exclusivement européen.

Il existait naguère une école congréganiste de filles. Transformée en application des lois, cette école privée disparut en 1910 faute d'élèves.

Le Port. — La question du port a toujours passionné les habitants de Dellys, aussi lui consacrerons-nous quelques développements (1).

La baie, ouverte du nord à l'est, offre un très bon mouillage contre les coups de vent de l'ouest et du nord-ouest. Elle est abritée par une pointe dirigée nord nord-est, haute de soixante à soixante-dix mètres, étroite et longue d'un millier de mètres. Cette pointe est prolongée d'environ cinq cents mètres en mer par de gros rochers émergeant sur la moitié de cette longueur, à fleur d'eau sur le restant.

Dès l'occupation, les opérations d'embarquement et de débarquement furent facilitées par l'installation hâtive de deux petits débarcadères en bois, l'un à peu près sur l'emplacement de la construction actuelle, l'autre plus au Sud.

Ces installations provisoires furent ensuite remplacées par un débarcadère en bêton et maçonnerie. On donna à l'ouvrage, 54 mètres de longueur perpendiculaire à la côte en face de la Douane, 8 mètres de largeur et une profondeur d'eau de 2 mètres à l'extrémité. Il fut muni en tête d'une grue fixe à pivot pour la manutention des poids lourds.

Les travaux furent terminés vers la fin de 1848. Ils furent complétés par la construction à l'enracinement côté nord de deux petites cales de halage.

En 1856 fut établi un projet de prolongement du débarcadère jusqu'à 3 m. 50 de profondeur d'eau. Les travaux furent exécutés en 1857 et 1858.

En 1861-1862, on aménage les abords du débarcadère.

En 1875, on remplace la grue de l'extrémité.

Mais ces différents travaux, s'ils avaient notablement amélioré la situation, n'empêchaient pas les communications d'être impossibles par forte mer du nord et de l'Est. On réclama un port et, à partir de 1860, une série de projets furent établis sur lesquels nous ne pouvons nous étendre. Une commission fut chargée en novembre 1877 de rechercher et d'indiquer les solutions les plus avantageuses (2).

Elle examina cinq projets. Quatre utilisaient diversement le débarcadère en lui adjoignant jetées et quais de façon à circons-

---

(1) Renseignements divers dûs à l'obligeance de M. l'Ingénieur des Travaux publics et de l'Etat, à Dellys.

(2) Faisaient partie de cette commission : MM. J. Isnard, maire ; Thierry, lieutenant de vaisseau, directeur du port ; Henri, président de la Chambre de Commerce d'Alger, etc....

crire une nappe de plusieurs hectares en eau profonde entre l'abattoir et l'enracinement du débarcadère (1).

Le cinquième projet présenté par l'ingénieur du port d'Alger, M. Trèves, fut retenu par la commission. Il consistait dans la construction d'une jetée unique partant de la pointe de Dellys et se dirigeant en ligne droite vers le sud.

La mise en exécution devait avoir pour résultats d'assurer au port de Dellys, avec des dépenses relativement restreintes, les meilleures conditions nautiques. On pensait de plus que la construction de la jetée pouvait être faite sans risques budgétaires, car à partir de 150 mètres, les travaux pouvaient être arrêtés à un moment quelconque ; on disposait à ce moment d'un abri suffisant pour les chalands. Les prolongements ultérieurs donnaient l'espoir d'un développement de 400 mètres pour obtenir un port donnant accès à tous les tonnages.

Le projet définitif fut dressé le 9 avril 1880 pour une longueur initiale de 100 mètres de jetée avec une dépense de 635.000 francs. Les crédits étaient à peu près épuisés le 31 décembre 1889.

Mais dès février 1888, le conseil municipal demandait la continuation des travaux au-delà de la limite fixée par le projet en cours. Après études, une décision intervient le 26 novembre 1889 pour donner à la jetée 150 mètres en couronne. Le projet nouveau s'élevait à 450.000 francs.

Il ne fut pas réalisé et les travaux commencés en 1880 ne furent jamais achevés. Le tronçon de la jetée exécuté sombre un peu tous les jours et les nombreux blocs artificiels préparés restent alignés depuis 40 ans sur le bord de la mer en attendant une affectation nouvelle.

Les circonstances politiques, militaires et économiques ont changé. On est revenu depuis à des vues plus modestes. On a exhaussé le débarcadère, puis on l'a prolongé de 50 mètres en 1907 à l'aide de cuves en ciment armé.

Dernièrement, on a repris l'étude de la construction d'un port-abri et, chose assez curieuse, c'est un projet qui en 1877 fut jugé insuffisant qui semble devoir retenir l'attention en 1922. Il consiste essentiellement : 1° en une jetée partant de la côte près de l'abattoir et se dirigeant en ligne droite vers le Sud-Est.

(1) Projet de l'Ingénieur Hardy, 1860 ; de l'Ingénieur Lebiez, 1870 ; de M. Thierry, directeur du port ; de M. Piazza, armateur, capitaine au cabotage.

Elle coupera à angle droit la direction du débarcadère en ménageant une passe ; 2° en un prolongement et en un élargissement à la base du débarcadère actuel. La dépense atteint cette fois une dizaine de millions.....

La commission chargée en février 1922 de se prononcer sur ces travaux a basé ses conclusions : 1° sur une prévision d'accroissement de trafic dû à l'ouverture du tronçon ferré à voie étroite de Mirabeau à Azazga ; 2° sur le rendement envisagé d'un gisement de plomb et de baryte à Bou-Mahni, non loin de Tléta (Boghni) (1). Les échantillons de minerais que nous avons vus sont remarquables de pureté ; il est certain que si un tel gisement était exploitable, Dellys aurait peut-être là une perspective agréable. Mais alors l'abri pour le cabotage deviendra insuffisant pour une exploitation minière (2).

»o«

Et puisque nous en sommes à parler des choses de la mer, disons quelques mots de la côte.

L'embouchure du Sébaou est à cinq kilomètres environ à l'ouest de Dellys, entre des hauteurs bien caractérisées; à l'ouest le Djebel Bouberak, à l'est le Djebel Ouamri, dont le point culminant porte un poste-vigie construit en 1891. C'est le contrefort de cette hauteur qui, vers le nord-est, forme la pointe de Dellys.

A un mille à l'est du Sébaou, se termine la plage de sable utilisée comme champ de tir, et commencent les côtes rocheuses. Comme particularités : une grotte marine, un marabout, Sidi-Medjeni, à l'extrémité supérieure d'une falaise. Non loin se détache une chaussée de roches de quatre à cinq cents mètres. Ces bancs forment avec le littoral un petit port ouvert à l'Est, le port Maure, ou port du Kous.

Le Phare Bengut. — Sur la partie la plus saillante du plateau des jardins s'élève depuis 1881 le phare Bengut, à deux kilomètres environ à l'ouest de Dellys. Jusqu'en 1908, c'était un feu fixe blanc de premier ordre avec appareil dioptrique, placé au

(1) Société Deiss, de Redon et Cie, Tizi-Ouzou, 1923.

(2) Le projet des travaux du port est actuellement soumis au Conseil des Ponts et Chaussées. En prévision de l'entreprise on élargit en ce moment la jetée côté Nord pour disposer au moment voulu des emplacements nécessaires aux matériaux et à l'outillage.

sommet d'une tour carrée en maçonnerie avec corps de logis, à vingt-neuf mètres au-dessus du niveau des plus hautes mers. Sa position exacte est 36° 55' 29" de latitude nord et 1° 33' 27" de longitude est.

En mars 1908 fut allumé un feu à quatre éclats blancs toutes les vingt-cinq secondes. La puissance lumineuse du nouveau feu est de vingt mille becs carcel et sa portée varie de 21 à 34 milles.

La construction est entourée d'un agréable jardin but de promenade des citadins.

Entre le phare et la pointe de Dellys se dessinent deux petites baies garnies de rochers à fleur d'eau ; l'une est dénommée Calanquette, réminiscence provençale.

L'entrée du port est signalée aux navigateurs par un feu fixe rouge placé sur la falaise extrême de la pointe de Dellys.

Dans la direction Est, la côte est hérissée de rochers et de récifs sur deux milles environ ; elle forme cependant après le « Rocher des pigeons » une jolie plage sur laquelle existent encore les ruines de l'usine de la saline. Après l'embouchure de l'oued Oubay les roches réapparaissent pour former la pointe de Sidi-Slimane et la pointe basse à l'est de l'oued Brika.

Voies de communication

La série des hauteurs d'altitude moyenne qui préludent au massif kabyle et ferment l'horizon à faible distance, a compliqué le problème des voies de communication. Les chemins d'importance secondaire, en quittant Dellys, ou subissent les caprices du rivage ou escaladent les hauteurs par des rampes pénibles. La route principale, celle d'Alger, suit une direction parallèle au littoral pendant six kilomètres avant de trouver une vallée lui permettant de se diriger vers le réseau des grandes voies de l'intérieur.

Le chemin de fer subit à peu près le même tracé.

Dellys est relié à la ligne Tizi-Ouzou-Ménerville-Alger par un chemin de fer sur route à voie de 1 m. 05 (ligne Dellys-Boghni) qui assure la correspondance à Camp-du-Maréchal.

Les travaux, décidés par le conseil général en octobre 1885, ont été exécutés par le département (1) et la ligne remise à l'ex-

(1) M. Bellanger, agent-voyer, dirigeait le terrassement en novembre 1886. Il se vit dresser contravention par le Génie de la Place pour travaux exécutés, dans la zone de servitude avant l'accomplissement de toutes les formalités !.

ploitant (Société des Chemins de fer sur Routes d'Algérie) fin de 1894. Le petit chemin de fer suit la vallée du Sébaou de Mirabeau à Takdempt, puis tourne à droite pour suivre la côte jusqu'à Dellys. Cette partie du trajet est des plus pittoresques. L'on contourne la pointe de Dellys à sa base et l'on en franchit l'extrémité par une galerie souterraine de 185 mètres. La gare est à proximité du débarcadère du port.

La distance Camp-du-Maréchal-Dellys est de 32 kilomètres que l'on franchit en 1 heure 45 environ, deux fois par jour dans chaque sens. Le trajet total Alger-Dellys prend cinq heures. Un service régulier d'autobus assure également les communications avec la capitale algéroise.

La ville est traversée par la route de grande communication n° 2 A. d'Alger à Dellys. Cette route fut construite par l'autorité militaire, remise aux Ponts et Chaussées en 1862 et finalement classée dans le réseau départemental le 24 octobre 1884.

Le chemin d'intérêt commun n° 26, terminé en 1886, conduit à Tigzirt et Port-Gueydon (1). Le chemin n° 34, dit chemin des crêtes, mène à Afir-Djemaâ-Saharidj (ancienne route romaine présumée).

Enfin, dans la banlieue immédiate, les chemins vicinaux n°s 1, 2, 3, 4, font communiquer Dellys avec Horace-Vernet, avec Ben-N'Choud par Braret et les Salines avec Braret.

Le génie a construit les rampes d'accès de la marine et en 1850 le pont de l'oued Tiza.

§ 6. — RESSOURCES LOCALES

Agriculture et Commerce. — Dellys est dépourvu de terres de grande culture. Par suite, le pays non seulement ne peut contribuer au mouvement général des échanges, mais encore ne se suffit pas à lui-même. Il expédie par an cinq cents tonnes de grains et de farine et en reçoit trois cents ; il exporte cent tonnes de farineux alimentaires (pommes de terre et légumes secs) quand il en importe trois cent cinquante.

L'on charge quelque peu de liège (133 quintaux en 1920 ; 170 en 1921), des figues sèches, de l'huile (l'huile kabyle a pris le

---

(1) Le kilomètrage des chemins n°s 2 A et 26, part de leur jonction à la Manutention.

chemin de Tizi-Ouzou) et l'on reçoit principalement de la houille, du coke, du sel, des bois, des matériaux de construction, des denrées alimentaires.

Le commerce maritime se fait par de petits caboteurs de 240 tonneaux au maximum, qui ne peuvent d'aileurs assurer un service régulier, car le moindre gros temps du nord ou de l'est empêche d'accoster le débarcadère. Depuis 1896 le courrier transatlantique ne fait plus escale dans la baie.

Quelques chiffres tirés du « Compte rendu annuel du Trafic », dressé par le service des Ponts et Chaussées, résument la situation.

Nombre de navires (entrées et sorties, le même navire est donc compté deux fois) :

1880	1890	1900	1910	1913	1921
518	598	768	366	301	95

Tonnage des marchandises (embarquées et débarquées) :

1880	1890	1900	1910	1913
47.551	9.844	9.990	8.252	7.456

Le reste du commerce est fait par voie ferrée et par camions automobiles.

Sur le plateau des Jardins se rencontre de la culture maraîchère suffisante pour l'approvisionnement du centre. Les terres de la vallée du Sebaou, si elles étaient irriguées (il en est question depuis quelque 30 ans), donneraient un essor intéressant à cette branche de l'activité agricole.

Enfin, le tabac et les arbres fruitiers (amandiers, figuiers, pêchers, abricotiers, poiriers...) donnent des satisfactions à des initiatives modestes.

Industrie. — Le poisson a pu jadis être abondant ; on ne s'en douterait guère actuellement : il est rare et cher.

On comptait en 1913 que le produit d'une journée de pêche était de soixante-quinze francs. Quatre balancelles dites « pareilles » font la grande pêche ; de petits bateaux font la pêche au filet. Une madrague est installée dans la baie quand la grande pêche est interdite.

En 1906, le syndicat de Dellys comprenait 22 inscrits européens et 66 indigènes. Malgré la guerre les enrôlements et la conscription, il y avait en 1917 plus de 100 inscrits indigènes et seulement 18 européens (Dr J. P. Bonnhiol).

La création d'un port-abri modifierait les choses si l'on envisageait comme suite logique l'organisation rationnelle de la pêche sur les côtes algériennes avec des engins modernes. A ce moment on pourrait sans doute revenir à certains projets d'installation d'usines de conserves.

Vers l'embouchure du Sébaou, à proximité du massif du Bouberak où se trouve du palmier nain, existe une usine de crin végétal.

La forêt de Mizrana, à seize kilomètres à l'est de Dellys, donne des racines de bruyère pour ébauchons de pipes.

Notons encore, dans la ville arabe, trois métiers rudimentaires qui fabriquent néanmoins de jolies étoffes de soie.

Beaucoup d'indigènes enfin confectionnent à temps perdu différents objets de vannerie très appréciés du touriste.

§ 7. — LE PRESENT ET L'AVENIR

Ce bref résumé d'histoire administrative et économique appelle un mot de commentaire : on peut dire qu'à partir de 1871, toutes les décisions prises ont pour effet d'amoindrir Dellys. L'arrêté de février 1872 créant l'arrondissement-cercle de Tizi-Ouzou consacre l'existence d'un nouveau centre désormais rival de Dellys. Tizi-Ouzou devient sous-Préfecture, alors que le canton de Dellys s'effrite pour en arriver à constituer aujourd'hui le plus petit canton d'Algérie.

Quelles sont les causes de cette décadence administrative doublée de décadence économique ? (1).

Dellys, sur la côte, était un point tout désigné pour l'exportation et l'importation tant que les communications avec l'intérieur restaient difficiles. L'Europe qui longtemps s'est peu souciée de pénétrer dans le massif kabyle avait là un pied à terre ; et les montagnards, pour qui le temps ne compte pas, à petites journées, par les sentiers abrupts, y venaient pour vendre et

---

(1) Une particularité : le bureau des P.T.T. est un peu le centre de vie d'une localité de l'intérieur. En 1916, le 1/5e seulement des bureaux algériens donnaient des produits budgétaires supérieurs aux dépenses d'exploitation. Dellys était de ce nombre. Exactement 492 bureaux avaient des déficits d'exploitation et 109 des excédents. Dellys comptait 15.000 francs de dépenses pour 16.500 francs de recettes. (Situation générale de l'Algérie, 1916).

pour acheter. Les transactions commerciales furent ainsi longtemps actives.

Notre occupation militaire trouva à Dellys un point d'appui facile à défendre et à ravitailler par mer. C'est de là que rayonna notre influence. La ville profita encore de la situation stratégique.

Les événements de 1871 devaient cependant déplacer les centres d'action. Il apparut nécessaire de nous mieux installer dans l'intérieur, plus près de sujets enclins à l'indépendance. Les travaux du génie assurèrent les communications. On pénétra en Kabylie sans passer par Dellys et pour la petite ville, ce fut une cause de déclin. L'entrée de la locomotive en gare de Tizi-Ouzou, en mai 1888, marque une date fatale pour Dellys. En vain dix ans plus tard obtient-on aussi un chemin de fer ; c'est un chemin de fer en réduction, suffisant hélas pour draîner le peu qui a résisté à l'attraction de la grande ligne.

J'ai entendu reprocher aux hommes politiques du pays la décadence de Dellys. Peut-être des vues moins personnelles, un peu plus d'accord, d'activité et d'initiative auraient pu retarder le déclin, on ne pouvait pas l'éviter (1). Dellys subit les conséquences de la loi moderne : les activités et les énergies vont où elles peuvent effectivement se manifester ; elle se concentrent à proximité des sources et des artères de vie. Les exigences industrielles et commerciales du monde contemporain ordonnent ces groupements. De plus en plus, les grands centres commerciaux annihileront les petits. Malheur à ces derniers si, se bornant à se lamenter, ils attendent du hasard des solutions régénératrices et rêvent à des réalisations impossibles. Pleurer, gémir, crier est vain. Le devoir est d'inventorier ce que l'on possède, de l'adapter aux nécessités nouvelles, et..... de travailler.

On ne peut à Dellys faire de l'agriculture, il n'y a pas de terres. Quelle industrie peut-on envisager dans ce coin exorbité ? Il n'y a ni bois, ni minerais.

---

(1) J'irai jusqu'au fond de ma pensée : Dellys comme la généralité des communes, subit les conséquences d'une erreur des fondateurs du régime municipal ; ils n'ont pas songé à assurer à leur œuvre la continuité des vues dirigeantes (Sur ce sujet, je renvoie le lecteur à un ouvrage très courageux de M. Maris, sous-directeur au Gouvernement général de l'Algérie, ancien Secrétaire général de la Mairie d'Alger, « **La Réforme municipale** », Emile Larose, éditeur, 1921).

L'industrie de la pêche et ses dérivés pourraient à la rigueur tenter les initiatives. Mais on est conduit à envisager un port-abri ; nous savons qu'il n'est encore qu'à l'état de projet.

Seul, l'acheminement vers Dellys des productions de la région de Tizi-Ouzou-Azazga et l'exploitation des gisements miniers kabyles donneraient la vie industrielle et commerciale à notre centre. Au service de cette cause les bonnes volontés ne manquent pas puissent-elles aboutir à des résultats tangibles !

Dellys séjour de détente.

Le plateau des Jardins est des plus pittoresques. Aperçu des remparts, l'ensemble est vraiment beau : des hauteurs encapuchonnées de brumes descend rapidement une verdure luxuriante. La route apparaît comme un énorme serpent blanc dont beaucoup de plis se devinent sous un épais tapis vert ; sur la droite, la mer, l'horizon immense et le ciel confondus pour fêter le coucher du soleil, s'illuminent de lueurs qu'aucun pinceau ne saurait traduire. Ça et là, parmi les oliviers, des villas reçoivent en été les habitants de l'intérieur avides de brise marine.

Un plan d'ensemble, des travaux d'utilité générale, feraient beaucoup pour la naissance d'une agglomération dans un pareil cadre. Les Romains, apparemment avaient doublé leur cité de négoce d'une cité de repos ; nous pourrions les imiter.

Aux hôtes de passage, Dellys offre trois hôtels convenables. Les estiveurs, à défaut de villas indépendantes y trouvent le confort. L'on pourrait aisément faire mieux. Il y a des crédits au budget de la Colonie pour le développement du tourisme.

La ville est une escale toute indiquée pour le petit et le moyen tourisme :

Le trajet Alger-Dellys (110 kilomètres), par Ménerville et Haussonvillers à travers une région fertile et pittoresque peut se continuer jusqu'à Port-Gueydon par une route en corniche sur 65 kilomètres. Le retour est indiqué par Freha et Tizi-Ouzou. C'est une randonnée de 330 kilomètres environ au cours de laquelle l'intérêt renaît à chaque tournant.

Près de Freha, l'on rejoint la route qui de Tizi-Ouzou, vers l'Est par la forêt remarquable de Yacouren conduit à Bougie. C'est une excursion bien tentante.

Il existe une route Alger-Dellys par le littoral qui, malheureusement présente encore, après le cap Djinet, une solution de continuité de quelque quinze kilomètres. Lorsqu'elle sera achevée, elle constituera un itinéraire des plus attrayant.

Estivant à Dellys l'on peut rayonner en Kabylie sur des parcours tous plus pittoresques les uns que les autres : Dellys, Port-Gueydon (65 kilom.), Freha-Tizi-Ouzou-Dellys (150 kilomètres environ).

Dellys, Haussonvillers, les Issers, Dra-el-Mizan, Mirabeau, Dellys, (160 kilomètres environ), région riche et fertile puis pittoresque au suprême degré dans les défilés de l'oued Bougdoura de Boghni à Mirabeau.

Dellys, Haussonvillers, Ménerville, Palestro, Thiers, Tizi-Renif, Dra-el-Mizan, Mirabeau, Dellys (180 kilomètres environ). Les gorges de Palestro sont impressionnantes et valent à elles seules le voyage.

Enfin, si l'on veut une vue d'ensemble de la Suisse algérienne il faut monter au col de Tirourda par Tizi-Ouzou, Fort-National, Michelet (Hôtel transatlantique) et le col à 1.760 mètres d'altitude. La route met à l'épreuve les qualités du chauffeur mais elle paye en spectacle l'attention qu'elle a exigée. On redescend sur le versant Sud du Djurdjura vers la station de Tazmalt. Le retour s'effectue par Bouïra, Dra-el-Mizan et Mirabeau ou par El Kseur, Azazga, Tizi-Ouzou.

»o«

Essayons de conclure.

La prospérité antique de Dellys était dûe au Commerce. Mais le commerce moderne est soumis à des lois que ne connaissaient pas les siècles révolus ; il s'en est allé là où les lois ont trouvé leur application rationnelle.

La prospérité de 1844 à 1870, ce sont les militaires et les fonctionnaires qui l'ont provoquée; mais les contingences militaires ont disparu et la vie administrative a subi le déclin de la vie économique.

Pour l'Agriculture, il n'y a pas de terres ; pour l'Industrie, pas ou peu de ressources.

Alors, faut-il désespérer ? Non, si l'on sait adapter à une vie nouvelle des contingences nouvelles.

Cheminez lentement sur la route des Jardins ou dans les chemins ombreux qui les morcèlent ; contemplez l'horizon du haut de la falaise ou de la vérandah du restaurant, le soleil du matin, du midi ou du soir aura pris un soin jaloux de colorer le tout pour une impression ineffaçable. N'y a-t-il pas là une indication ? Faire de Dellys un séjour de détente, faute de pouvoir en faire un séjour d'activités. Combien de riantes cités, sur la côte d'Azur vivent de ces heures aimables offertes aux privilégiés.

Mais il ne faut pas se faire d'illusions, du dévouement de l'esprit de suite, de la compétence seront nécessaires. Puisse l'organisation communale actuelle les assurer.

Dellys, juin 1926.

FIN

Table des Matières

L. CHAIX FILS & Cie
11 BIS, RUE D'ISLY
ALGER

www.ingramcontent.com/pod-product-compliance
Ingram Content Group UK Ltd.
Pitfield, Milton Keynes, MK11 3LW, UK
UKHW021626260726
13994UKWH00003B/1098

9 782329 413679